Ulrich Stahr

Det war'n Zeiten!

Geschichten und Anekdoten
aus dem alten Köpenick

Wartberg Verlag

Impressum

Bildnachweis:
Gedenkstätte Köpenicker Blutwoche: S. 32
Heimatmuseum Treptow-Köpenick: S. 12, 15, 19, 20, 22/23, 27, 36/37 (Landesarchiv Berlin), 42, 46 (H. Dreyer)
Ullsteinbild: Titel (Thomas), S. 1 (Drescher), S. 6/7 (Willmann), 10 (Archiv Gerstenberg), 28, 53 (Probst), 66 (Thie), 72/73 (AP)
Kunstfabrik Köpenick (Angelika Block): S. 77
Ulrich Stahr: S. 49, 56

Das Titelbild zeigt das Rathaus Köpenick um 1920.

Mein Dank für Anregungen und Antworten auf Fragen gilt Dr. Helgunde und Dr. Bernhard Henschel, Matthias Seidel, Monika und Fritz Niedergesäß, Paul Rahn junior, Krystyna Schade, Dr. sc. Kurt Wernicke und Cornelia Wetzlich. Mein herzlichster Dank gilt meiner Frau Brigitte, die mir, der oft außer Haus, viel Nachsicht entgegenbringt, mich ideenreich beriet und beim Korrekturlesen tatkräftig unterstützte. Ihr widme ich dieses Buch.

1. Auflage 2009

Layout: Attila Jo Ebersbach, Kassel
Druck: Hoehl-Druck Medien + Service GmbH, Bad Hersfeld
Buchbinderische Verarbeitung:
Buchbinderei Büge, Celle

34281 Gudensberg-Gleichen, Im Wiesental 1
Telefon (0 56 03) 9 30 50
www.wartberg-verlag.de
ISBN: 978-3-8313-1972-5

Inhalt

Liebe Leserinnen und Leser,

SIE HALTEN EIN BUCH in Händen, das Ihnen aus Köpenicks Vergangenheit erzählt. Lassen Sie sich von Begebenheiten fesseln, die früher die Menschen beschäftigten, in Atem hielten, zum Schmunzeln oder zur nachdenklichen Besinnlichkeit brachten. Mit Absicht ist dabei geschichtlich ein weiter Bogen gespannt.
Über die Hälfte der Geschichten und Anekdoten haben die Zeit der Deutschen Demokratischen Republik zum Inhalt. Bei Ihnen werden diese, sofern Sie Zeitgenossen sind, gleiche oder ähnliche Erinnerungen wachrufen. Die Nachgeborenen erhalten Eindrücke vom gelebten Leben ihrer Vorfahren, ihrer Eltern und Großeltern.
Tauchen Sie ein in die Zeit eines Jaxa von Copnic, der schon vor 850 Jahren Köpenick weit in deutschen Landen bekannt machte, gefolgt von Wilhelm Voigt, der das weltweit schaffte. Gehen Sie in „Klein's Hôtel" und zur Geburtsstunde unseres „Cöpenicker Stadttheaters". Erleben Sie die Köpenicker Blutwoche und das Kriegsende in Köpenick aus einem neuen Blickwinkel. Lesen Sie, welche Folgen unachtsame Fluglotsenentscheidungen und stürmische Naturgewalten hatten. Lernen Sie die 36-Meter-Fährlinie näher kennen. Lassen Sie die Jahrzehnte des Köpenicker Sommers mit seinen Vorläufern Revue passieren. Erfahren Sie, warum ein Köpenicker Heimatbuch immer noch Dornröschenschlaf hält, wo ein VP-Engel zu sehen war und was der Begriff „Dunckerknoten" bedeutete.
Bei dieser Reise in die Vergangenheit und der Lektüre der Geschichten und Anekdoten aus dem alten Köpenick wünsche ich Ihnen, liebe Leserinnen und Leser, Vergnügen und Nachdenklichkeit zugleich.

Ulrich Stahr

Copanic, der Erdhügelort

AUF DER HEUTIGEN Schlossinsel lebten schon vor Tausenden von Jahren Menschen. Es war ein günstiger Platz, den sie sich gewählt hatten. Ringsherum dehnten sich breite Wasserflächen, und nur ein schmaler Streifen festen Bodens verband die auf diese Art gut geschützte Halbinsel mit der übrigen Landfläche.
Dieser Zugang ließ sich gegenüber „ungebetenen Gästen“ leicht sperren und verteidigen. Die Wassermassen am Zusammenfluss von Spree und Dahme taten ihr Übriges. Wer in böser Absicht kam, der war von dieser Halbinsel aus leicht abzuwehren. Andernorts mussten zu jener Zeit um Ansiedlungen oder Burgen in mühseliger Arbeit Mauern und Wassergräben gezogen werden. Hier hatte das die Natur erledigt und einen Platz geschaffen, der geradezu zum Wohnen einlud: Er bot natürlichen Schutz, die waldige Umgebung war voller Früchte und Wild, das Wasser schmackhaft und reich an Fischen, der Holzbestand für die Feuerstätten unermesslich.
Die ersten Ankömmlinge – es waren Jäger, die in den dichten Wäldern, die damals unsere Region bedeckten, dem Wild nachstellten – staunten nicht schlecht, als sie dieses Naturwunder entdeckten. Sie holten ihre Frauen und Kinder, schlugen Lichtungen in das auch die Halbinsel dicht bedeckende Busch- und Baumdickicht, bauten Hütten und richteten sich auf Dauer ein. Kein Wunder, dass dieser Halbinselort Copanic, die spätere Schlossinsel, schon sehr bald immer mehr Menschen anzog, die sich dort niederließen und immer festere Behausungen bauten. Viele der Jäger wurden zu emsigen Fischern.
Copanic und die Umgebung zeigten sich in vieler Hinsicht als ein kleines Paradies, das bald für den Menschen noch dadurch himmlischer wurde, als sich durch

Die Luftaufnahme zeigt die heutige Schlossinsel (1990). Schon vor Tausenden von Jahren lebten hier Menschen.

Wald- und Buschrodungen außerhalb der Halbinsel der weitere Nahrung bietende Ackerbau entwickelte und auch die Viehzucht dazukam, die manches mühselige Jagen überflüssig machte und zur Sesshaftigkeit beitrug. Auf der Halbinsel Copanic und zunehmend in ihrem Umfeld hörte man immer mehr tiefe Männerstimmen, helle Frauenworte und lustiges Kindergeschrei. Mittelsteinzeit, Bronzezeit, Eisenzeit verstrichen. Zeichen dieser Vergangenheit wurden später vor Ort entdeckt. Die ältesten Grabstellen in unserer Region datieren aus dem 9. bis 7. Jahrtausend vor Christus. Im Zuge der „Völkerwanderung“ (400–600 nach Christus) verließen viele Familien dieses germanischen Ursprungs die Region. Doch neue Zuwanderung erfolgte bald aus Richtung Osten. Im 1. und 2. Jahrhundert nach Christus waren es die Semnonen gewesen, die sich hier niederließen; im 6. bis 10. Jahrhundert folgten die Sprewanen, alles Stämme slawischen Ursprungs. Die Sprewanen errichteten auf der Halbinsel Copanic zu ihrer Sicherheit eine burgähnliche Rundwallanlage, die im 12. Jahrhundert durch den Wenden-Fürsten Jaxa von Copnic zur Hauptburg seines im Gebiet von Spree und Dahme ansässigen Stammes wurde.
Bis dahin liegt Köpenicks geschichtliche Vergangenheit, je weiter man sie heutzutage zurückverfolgen will, auf weiten Strecken im Dunkeln. Menschlicher Forscherdrang aber führte schon oft zu überraschenden neuen Erkenntnissen und zu Aufhellungen geschichtlicher „schwarzer Löcher“. Optimismus ist deshalb auch in der Geschichte angebracht.
Neue Erkenntnisse haben Dr. Helgunde und Dr. Bernhard Henschel mitzuteilen: Die Benennung unserer Stadt ist auf ein altslawisches Wort namens „kopa“ zurückzuführen, das die Menschen damals für einen Hügel, eine Erhebung, einen hoch aufgetürmten Haufen gebrauchten und nicht, wie vielerorts heutzutage noch

geschrieben und gesagt wird, für die Bezeichnung einer Insel. Kopa wurde zu Cop oder Copa; nic wurde für einen Ansiedlungsort gebraucht. Cop-nic, der Inselort, der so noch im Sprachgebrauch ist, muss demzufolge richtig Copnic, der Erdhügelort, heißen. Dieser „kleine Bruder“ der Müggelberge wurde in mittelslawischer Zeit abgetragen, um Platz für die erwähnte burgähnliche Befestigung und deren Siedlung zu schaffen. Sorben, Tschechen, Polen, die slawische Sprachen sprechen, nutzen noch heute das Wort kopa, das sich auch in der deutschen Bezeichnung „Schneekoppe“ wiederfindet.

Jaxas Gelöbnis

DIE HUFE DES PFERDES donnerten über das märkische Land. Aus den Nüstern wehte weißer Schaum. Die Anstrengung ließ die Halsadern dick anschwellen. Mit äußerster Kraft raste das edle Tier dahin, geschunden und getrieben vom geharnischten Reiter, dem – der Stolz gebrochen – die Furcht im Nacken saß. Fürst Jaxa von Copnic war auf der Flucht.
Wild ritt er am linken Ufer der Havel entlang, um in Spandowe (Spandau) die rettende Brücke zu erreichen, die ihn wieder nach Copnic, in sein Reich, und damit in Sicherheit führen würde. Noch waren die feindlichen Verfolger dank seines treuen Pferdes nicht an ihn herangekommen. Er wusste, dass sie nach seinem Leben trachteten, dass sie es auslöschen wollten, so wie das seiner Kampfgefährten, mit denen er gen Brennabor (Brandenburg) gezogen und die Stadt im Jahr 1150 erobert hatte.

Die Eroberung von Brennabor (Brandenburg).

Nun war – sieben Jahre später – er, der große Wendenfürst, der raue Jaxa von Copnic und Herr über das ganze östliche Havelland, ein Flüchtling geworden. Noch stärker trieb er sein Pferd an. Angst, Wut und Schmach zerfraßen seine Gedanken. Deshalb bemerkte er auch zu spät, dass nun eine Landzunge vor ihm lag, die plötzlich spitz zulief und im Wasser endete. Roh riss er sein Pferd herum. Zurück! Konnte er es noch schaffen, seinen Verfolgern zu entkommen? Doch, nein: Es war zu spät. Der Wendenfürst saß in der Falle. Vor sich und zu seiner Rechten: triumphierende Feinde. Hinter sich und zur Linken: das Wasser der Havel. Schwerter blitzten. Schon richteten sich Lanzen auf ihn.
Da hob Jaxa das Banner seines Gottes hoch und rief: „Triglaw, Gott meiner Väter, hilf mir jetzt in höchster Not!“ Dann gab er seinem Pferd die Sporen und riss es in das Wasser der Havel hinein, um das andere, das rettende Ufer zu erreichen. Das Pferd arbeitete tapfer gegen Wasser und Strömung an. Aber mitten im Fluss, der sich dort zu einem See ausweitete, sanken Ross und Reiter tiefer und tiefer. Kaum noch konnte das Pferd Maul und Nüstern über Wasser halten. Da rief Jaxa noch einmal: „Triglaw, verlass jetzt deinen treuen Diener nicht!“
Aber Triglaw half nicht. Jaxa fühlte das Wasser über seinen Harnisch schon an seinem Hals emporsteigen. Da kam ihm ein letzter Gedanke. Er warf das bisher fest umklammerte Triglaw-Banner weg und flehte laut: „Christus, wenn du der wahre Gott bist, dann rette mich – und ich will dein Diener sein!“ So rief in Todesnot der stolze Wendenfürst und hielt seinen Schild hoch über den Kopf.
Und – so ist der Sage nach überliefert – das Wunder geschah! Jaxa vermeinte zu spüren, wie der Schild und er angehoben wurden. Das Pferd, erleichtert, kam zu neuer Kraft, arbeitete sich weiter vorwärts, erfasste

Bis heute erinnert das Denkmal am Schildhorn an die Jaxa-Sage.

plötzlich mit den Hufen Grund und erreichte bald eine mit großen Eichen bestandene Landzunge am jenseitigen Ufer der Havel. In der Ferne heulten die Verfolger vor Wut und Enttäuschung. Jaxa in gleicher Art zu folgen, hatten sie nicht den Mut. Kaum am sicheren Land, sprang der Wendenfürst vom treuen Pferd, kniete nieder und erneuerte sein Gelübde. Dann befestigte er Schild und Horn am stärksten Baum als Zeichen für Frieden und Übertritt zum christlichen Glauben. Ermattet von Kampf und Flucht, doch erfüllt von neuer Zuversicht, ritt er zurück nach Copnic. Zum christlichen Glauben führte er auch seine Untertanen. Mit seinem Nachbarn Markgraf Albrecht lebte er von nun an, friedfertig geworden, in Freundschaft und Ruhe.
Die Landzunge an der Havel in Berlin-Grunewald, die der Sage nach im Leben des Jaxa von Copnic die beschriebene Rolle spielte, heißt auch heute noch Schildhorn. Ein Denkmal in Form einer hohen Säule erinnert am Schildhorn an die Jaxa-Sage. Der Jaxa-Turm in Spandau, Kennzeichen der vermuteten Absprungstelle des Wendenfürsten in die Havel, scheint heutzutage allerdings dem endgültigen Verfall preisgegeben.

Die Sieben Weltwunder – aus Cöpenick

Wer kennt sie nicht, der „Weltwunder“ sieben,
die in der Geschichte lebendig geblieben,
und heute noch, seit dem Altertum,
genießen Aufmerksamkeit, Liebe und Ruhm,
obwohl doch sechs längst Vergangenheit
und untergegangen im Strudel der Zeit.

„Weltwunder“ nur aus der alten Zeit?
Nein, sage ich, denn gar nicht weit
liegt da eine sehr schöne Stadt,
die auch an „Wundern“ sieben hat.

Hier werden jetzt auf einen Blick
geschildert die Wunder von Cöpenick,
die da, sieben an der Zahl,
entstanden anno dazumal,
in der guten alten Zeit,
als steif der Kragen, lang das Kleid,
sittsam die Mädchen, auch die Buben,
in Schule, Straßen, Kirche und Stuben.
Der Kaiser herrschte hierzuland
als das, was ich jetzt sag, entstand,
und emsig lief von Mund zu Munde
als Cöpenicks „Weltwunder“-Kunde.

Es kam durch gütiges Geschick
Weltwunder eins nach Cöpenick:

Borgmann hieß ein Bürgermeister.
„Ja“, so rief man, „ja, so heißt er,
doch er borgt nicht, wie man meint,
wie's vom Namen her doch scheint!“
Dieser Mann hat reich gemacht

durch fleißige Arbeit Tag und Nacht
die Stadt und viele Bürger auch,
denn rasch durch ihn kam in Gebrauch
viel neues Tagwerk, manch neue Fabrik,
hier im schönen Köpenick
mit manchem neuen Arbeitgeber
als Neuerer und Wohlstandsheber.
Lange blieb Borgmann hier im Land
verehrt, beliebt und sehr bekannt.
Cöpenick viel zu verdanken ihm hat,
Borgmann, dem Ehrenbürger der Stadt.

Bürgermeister Gustav Borgmann.

Es kam durch gütiges Geschick
Weltwunder zwei nach Cöpenick:

Im ersten Stock der Ratskeller lag,
lange Zeit – bis zu dem Tag,
da der Rathaus-Neubau stand,
wo der Ratskeller Platz im Keller fand.
Vorher hatte aus Not man gemacht
eine Tugend und einfach gebracht
den Ratskeller für Schmaus und Braus
in den ersten Stock vom Nachbarhaus.
1905 war das Rathaus neu gebaut,
und der Umzug erfolgte fröhlich und laut.
Kurios, dass in Betrieb ein halbes Jahr
der Ratskeller früher als das Rathaus war.

Es kam durch gütiges Geschick
Weltwunder drei nach Cöpenick:

Dummer hier ein Lehrer hieß,
der viele Schüler zittern ließ,
wenn sie vor ihm reden sollten,
doch nicht konnten oder wollten.
Denn streng war er, der Lehrer Dummer,
dies Namens, der zu seinem Kummer,
ihm für das liebe lange Leben
von seinen Eltern her gegeben.
Doch war er geachtet und vielseitig rege
auf kommunalem und Ehrenamts-Wege.
Viele verdankten ihm ihr Wissen;
doch brutal ward aus dem Leben gerissen
er, der noch nicht alt an Jahren,
und grad aus dem Krieg in die Heimat gefahren.
Das Schicksal war es, das jäh und für immer
den Soldaten auf Urlaub, im Klassenzimmer;

den geschätzten Mann, belesen und klug,
vom Leben zum Tode niederschlug.
Immens war dann die Anzahl derer,
die weinten um Dummer, ihren Lehrer.

Es kam durch gütiges Geschick
Weltwunder vier nach Cöpenick:

Ein Krankenhaus am Friedhof hat
damals Cöpenick als Stadt
und schauten die Kranken zum Fenster hinaus,
dann sahen sie – ein Leichenhaus,
die Gräber, die Kreuze, der Kränze Berge,
die frischen Gruben, die schwankenden Särge
vor vielen Leuten in tiefer Trauer
innerhalb der Friedhofsmauer;
die Zylinder glänzen, die Hüte wippen,
Augen voll Tränen, das Gebet auf den Lippen.
Sie hörten den Pfarrer, das Vaterunser laut:
da hat wohl mancher weggeschaut
und statt der Hoffnung Angst bekommen,
die die Heilungschance genommen.
Wer in der Rudower Straße gewesen,
der konnte wohl nicht schnell genesen!

Es kam durch gütiges Geschick
Weltwunder fünf nach Cöpenick:

Ein Arzt mit Namen Dr. Todt
behandelte die, die da in Not
hinkamen in das Krankenhaus
mit Friedhofsblick zum Fenster raus.
Schlecht war er nicht, der Mediziner,
und ganz gewiss der Kranken Diener;
doch sein Name ließ mit Grausen

manche Heilungshoffnung sausen,
und viele scheuten dies' Krankenhaus
und blieben trotz Kranksein lieber zu Haus.

Es kam durch gütiges Geschick
Weltwunder sechs nach Cöpenick:

Ein Fräulein von Flemming, im Adelsstande
und ohne Mann, im Jungfraugewande,
auch schon recht betagt, bald im achtziger Jahr,
überkam eine Eingebung, zwingend und klar:
sie gründete einen Jungmännerverein
und ließ sich mit vielen Jünglingen ein,
ganz sittsam und treu nach Gottes Worten
in Cöpenicks Kirche und anderen Orten.
Sie war sehr bemüht, nur Gutes zu tun
mit vielen Ideen, ohne Rast und auch Ruh'n;
und wie man so sagt, ward ihr als Lohn –
nicht, wie man denkt gar, Spott und Hohn –
nein, Achtung, Ehrfurcht und Liebe gezeigt
und Cöpenick war schnell geneigt,
hervorzuheben weit und breit
Adelheid von Flemmings Redlichkeit.

Es kam durch gütiges Geschick
Weltwunder sieben nach Cöpenick:

Ein Gefängnis in der Freiheit lag
und mancher Ganove damals mag
ungläubig haben zum Richter geblickt,
als der sich erhob und angeschickt,
seinen Spruch mit Worten zu beschließen,
die den Täter hoffen ließen:
„Prozess und Urteil sind gemacht,
Sie werden zum Knast in die Freiheit gebracht!"

Ja, Gefängnis und „schwedische Gardinen“
für Männer und Frauen, die so was verdienen,
die konnte man nur in Cöpenick finden,
in der „Freiheit“, nahe der Straße der Linden.

Das Gefängnis in der Freiheit.

Das waren die „Wunder von Cöpenick“,
die sieben, die ein gütiges Geschick
dieser Stadt vor vielen Jahren vermachte,
über die man schmunzelte, die man belachte.
Haltet sie wach, ihr lieben Leute,
auch noch morgen, nicht nur heute,
diese Geschichten aus jener Zeit
als Erbe der Vergangenheit
und Unterhaltung für manch kommendes Jahr:
das wünscht und hofft auch der Ulrich Stahr.

Vorhang auf!

„IMMER HEREINSPAZIERT, jeschätzte Damen und Herren! In Klein's Hôtel, im großen Saal, erwartet Sie eine hierzulande noch nie dajewesene Attrakzion! Das Cöpenicker Stadttheater öffnet heute zum ersten Mal seinen Samtvorhang! Und wat bringen die Akteure Ihnen zu Jehör und zu Jesicht? Etwas, wat manchet Mannsbild noch jut jebrauchen kann. Det Stück mit dem das Cöpenicker Stadttheater inne Weltjeschichte eintritt, trägt

„Klein's Hôtel" war von Beginn an ein Volkstheater.

den vielvasprechenden Titel: Wie man sich eine Frau verschafft. Na, Damen und Herren, werden Sie da nich neugierich? Ick vaspreche kurzweilijet Amüsemang und Vagnüjen! Die Kassa is jeöffnet. Kommse rin! Nehmse Platz! Trinken se wat! Fürn Magen steht ooch wat bereit. Um halb achte jeht der Vorhang uff.“

So oder ähnlich mag es an jenem 14. Februar anno 1889 vor „Klein's Hôtel“ in der damaligen Friedrichstraße 12-14, heute Lüderstraße, geklungen haben. Das „Cöpeniker Stadttheater“ war vom ersten Tag seines Bestehens an ein Volkstheater, geboren durch Unternehmergeist und Zeitumstände. Ab 1871, dem Jahr der Gründung des Deutschen Kaiserreiches und der drei Milliarden Goldmark, die Frankreich nach dem verlorenen Krieg dem deutschen Sieger zahlen musste, entwickelte sich auch Cöpenick schnell von einer 4538-Seelen-Gemeinde zu einem Ort, an dem sich Industrie ansiedelte und der 1895 bereits auf 11 362 Bewohner gewachsen war.

Nach harter und langer Tagesarbeit suchten immer mehr Menschen am Abend Entspannung und Unterhaltung. Und so sprossen in jenen Tagen Kneipen und Gaststätten munter ans Tages- und nächtliche Petroleumlicht. An die 100 sollen es um 1900 in Cöpenick gewesen sein.

Darunter existierte seit 1850 ein Gasthof, der am 16. Januar 1869 in den Besitz von Carl Eduard Reusch und August Klein wechselte. Letzterer übernahm bald die gesamte Regie, erkannte die Zeichen der Zeit und sprühte vor Taten-

drang. Zuerst ließ er den im damaligen Köpenick größten Saal anbauen, in dem bis zu 1000 Personen Platz nehmen konnten, und schuf somit die „Klein'schen Säle". Dann verpflichtete er als damaliges Novum ein festes Komödianten-Ensemble, das fortan bei ihm unter dem Namen „Cöpenicker Stadttheater" spielte.
Die Rechnung ging gewinnbringend auf. Die Cöpenicker waren begeistert und nicht wenige Leute von außerhalb auch. In Scharen strömten sie in „Klein's Hôtel" und ins „Cöpenicker Stadttheater", gelockt von der bunten Plakatierung: „Neu in Cöpenick! – Das Cöpenicker Stadttheater! – Ständige Vorstellungen – Vortreffliche Akteure – Reizende Damen – Ein exzellenter Genuß für alle Theaterfreunde – Im Vorverkauf: Loge, 1.50 M., Sperrsitz 1.25 M., Parkett 50 Pf., Galerie 30 Pf." Dazu

Der Theatersaal des „Cöpenicker Stadttheaters".

muss man aber wissen, dass um 1900 in Cöpenick ein Tagelöhner ein durchschnittliches Tagesentgelt von 2,90 Mark erhielt, eine Tagelöhnerin 1,75 Mark, ein Maurer etwa einen Stundenlohn von 62,5 Pfennig. Unter diesen Umständen war ein Theaterbesuch für die einfachen Leute nicht immer leicht zu finanzieren.

Und trotzdem: Für das „Cöpenicker Stadttheater“ wurde gespart und zusammengelegt! Der große Saal und die damals in Cöpenick einzigartige Galerie darin waren immer proppenvoll, die Kellner drängten sich schwitzend mit Bier und Happen durch die dichten Stuhl- und Tischreihen, die Zuschauer ließen sich von den bunten Bildern und oft wildbewegten Szenerien einfangen, die männlichen mit anerkennendem „Oh ho!“ und „Bravo!“, die weiblichen mit fröhlichem Lachen oder bei den

tragischen Momenten der Darbietung mit hemmungslosem Schluchzen. Und alle applaudierten begeistert und gingen beschwingt und manchmal auch beschwipst nach Hause, trotz oft dichten Zigarren- und Zigarettenqualms im Saal, denn es durfte geraucht werden; trotz riesenhafter Damenhüte, die manche Sicht einschränkten; trotz noch nicht vorhandener Kanalisation oder gar elektrischer Beleuchtung.

So blieb es viele Jahrzehnte. Das „Cöpenicker Stadttheater“ mit seinen Aufführungen der leichten bis anspruchsvollen Muse gehörte zur Stadt wie Rathaus und Kirche. Zum Kriegsende 1945 wurde das Hotel- und Gaststätten-Gebäude Friedrichstraße 12-14 mit seinem „Cöpenicker Stadttheater“ als eines der wenigen, die in der Köpenicker Altstadt überhaupt zu Schaden kamen, in Teilen so zerstört, dass 1952 nur der Abriss übrig blieb.

Mauerfall 1989, Wiedervereinigung 1990 sowie heimatverbundene Bürger und Theaterleute ließen alte Traditionen erneut an Wert gewinnen. Am Gründonnerstag, dem 16. April 1992, stieg das „Cöpenicker Stadttheater“ wie Phönix aus der Asche. Der volkstümliche Schwank „Wat braucht der Berliner?“ führte die alte Volkstheatertradition fort. Mit Inszenierungen von modern bis klassisch wurde die neue Spielstätte in der Friedrichshagener Straße 9 wieder zum Berliner Volks- und Familien-Theater Nummer eins und zu einem Ort, den es – der guten, fröhlichen und gehaltvollen Unterhaltung wegen – zu besuchen immer lohnt.

Kassenraub zu Cöpenick

DAS HATTE SICH WILHELM VOIGT, der Schwerverbrecher, wie es damals hieß, sicherlich nicht einmal in seinen kühnsten Träumen vorgestellt, dass er weltbekannt und zum renommierten Aushängeschild für Köpenick werden würde. Sein Husarenstück vom 16. Oktober 1906 brachte das zustande, wurde zu einem der sensationellsten Ereignisse jener Zeit, das bald die halbe Welt aufhorchen und lachen ließ, die Wahnwitzigkeit des Kadavergehorsams bloßstellte, die Stadt Köpenick rund um den Erdball bekannt machte und dem „Hauptmann", alias Wilhelm Voigt, zur Unsterblichkeit verhalf. Und das kam so:

Von der Turmuhr der Laurentiuskirche hatte es gerade fünf Uhr geschlagen, und es war noch stockdunkel, da umrundete Voigt – schon als kaiserlicher Offizier herausstaffiert – das fast noch brandneue Cöpenicker Rathaus und prägte sich die Ein- und Ausgänge ein. Er war auf „Spähtrupp", denn er hatte einen Plan, einen wahnwitzigen und für ihn gefährlichen, aber mit Kaltblütigkeit und Schneid durchaus ausführbaren. Nichts wollte er dem Zufall überlassen. So war er schon um halb drei in der Nacht aufgestanden und mit dem ersten Zug nach Cöpenick gefahren, das damals noch – bis 1930 – mit C geschrieben wurde. Nach der Inspektion des Rathauses frühstückte er im Schanklokal Augustin in der Grünstraße 14 und genehmigte sich auf dem Rückweg nach Berlin in der Cöpenicker Bahnhofsgaststätte noch ein Bier. Überall hatte man ihn ehrerbietig gegrüßt. Da wusste er: Man hält mich für einen echten Hauptmann! Seine letzten Zweifel schwanden. Den Plan, den man damals „Coup" nannte, konnte er in die Tat umsetzen.

Das Geschehen lief wie einstudiert ab. Unter seine Befehlsgewalt stellte er zehn ihm zufällig begegnende echte Soldaten, die das angesichts der Offiziersuniform und des Befehlstons ganz normal fanden und ihm willenlos folgten. So ging es wieder per Eisenbahn zum Bahnhof Cöpenick und von dort im Marschtritt zum Rathaus, dessen Turmuhr kurz vor vier Uhr nachmittags anzeigte. Die Befehle kamen zügig und scharf aus des „Hauptmanns“ Mund: „Halt! – Das Bajonett pflanzt auf! – Aus- und Eingänge besetzen und absperren! – Vier Mann mir folgen!“

Der Marsch der kleinen Truppe vom Bahnhof zum Rathaus und die Mundpropaganda hatten schon bewirkt, dass halb Köpenick auf den Beinen hin zum Rathaus war, wo sich eine immer größere Menge an teils ängstlichen, teils schaulustigen Leuten zusammendrängte.

Was sich dann im Rathaus abspielte, war atemberaubend. Wilhelm Voigt schnarrte knapp „Hauptmann von Maltzahn, 1. Garderegiment zu Fuß“, verhaftete im Befehlston eines preußischen Offiziers den zu Tode erschrockenen Bürgermeister Dr. Langerhans und ließ ihn mit seiner Frau per Kutsche auf „allerhöchste Kabinetts-Order“ nach Berlin bringen, nachdem er alle Fragen nach dem Grund der Verhaftung und der Legitimation zu seiner Person schroff mit Worten zurückgewiesen hatte, deren Zeitgeist der Dramatiker Carl Zuckmayer 1931 in seinem Bühnenstück „Der Hauptmann von Köpenick“ treffend in Stil und Inhalt so wiedergab: „Ham se jedient?“ – „Jawohl, Leutnant der Reserve.“ – „Na also! Dann müssen se eijentlich wissen, was Befehl bedeutet, dazu noch unter Jewehr!“

Insgeheim lächelte Wilhelm Voigt immer wieder in sich hinein, als er sah, wie alle strammstanden und dienstbeflissen seine Anordnungen ausführten. Nicht umsonst hatte er in seinen langen Zuchthausjahren die Bibel und das preußische Exerzierreglement, die Dienstvorschrift für Soldaten und Offiziere, immer und immer wieder gelesen, war das doch oft die einzige ihm zugebilligte Lektüre. Insgeheim schmunzeln musste er auch, als er

Das Rathaus Köpenick am 16. Oktober 1906.

daran dachte, dass er ebenso gut einen bibelfesten Pfarrer darstellen konnte.

Der Stadtkassenrendant von Wiltberg musste einen Kassensturz machen. Er rechnete und rechnete mit

Wilhelm Voigt (1849–1922) an einer Droschke nach seiner vorzeitigen Entlassung aus der Haftanstalt Berlin-Tegel 1908.

hochrotem Kopf. 4002,37 Mark hätten vorhanden sein müssen. Es ergab sich aber ein Defizit von 13,67 Mark. Wilhelm Voigt quittierte und steckte alles Geld ein. Die Soldaten ließ er noch eine halbe Stunde das Rathaus gesperrt halten. Er selbst machte sich mit der Beute auf den bekannten Weg zum Bahnhof Cöpenick. Die Stadt-Gendarmen grüßten ehrerbietig und militärisch stramm und verschafften ihm Platz durch die dicht gedrängt stehende Menge, in der die Gerüchte kochten. Inzwischen umlagerte wohl die Hälfte der 21 000 Cöpenicker Einwohner das Rathaus.

Tagelang las Wilhelm Voigt dann, mit vielen anderen an den Litfaßsäulen stehend, ungerührt seinen eigenen Steckbrief und lachte mit, wenn Straßenjungen sich zuriefen: „Kennst du den Unterschied zwischen eenem echten und eenem falschen Hauptmann? Nee? Na, denn kannste Bürjermeister von Cöpenick werden." Kaiser Wilhelm II. hatte noch am 16. Oktober eine Eildepesche erhalten. Er soll erst sehr wütend gewesen sein, sich dann aber ein „Genial!" abgerungen haben.

Am 26. Oktober 1906 wurde Wilhelm Voigt verhaftet, bald vor Gericht gestellt und zu vier Jahren Gefängnis verurteilt, nach zwei Jahren aber begnadigt. Wieder frei, vermarktete er sich vielerorts geschickt durch Postkarten und Auftritte, kam zu etwas Vermögen, verlor dieses in der Zeit der Inflation wieder und ließ sich schließlich in Luxemburg nieder, wo er einsam und verlassen am 3. Januar 1922 im Alter von 72 Jahren starb. Zuerst wurde er in einem Armengrab beerdigt. Später erhielt er von der Stadt Luxemburg ein Ehrengrab, das dauerhafte Pflege erfährt. Seit 1996 steht er, in Bronze gegossen, am „Tatort", dem Eingang des Rathauses Köpenick, und ist seither beliebtes Fotomodell und typischer Treffpunkt. So schließt manche Verabredung heute mit den Worten: „Also dann, wir sehen uns beim Hauptmann!"

Notwehr

ER LIEF UM SEIN LEBEN. Mit weit ausholenden Sprüngen überwand der junge Mann Gartenzäune und Hecken, die die niedrigen Lauben und größeren Häuser der Siedlungskolonie umgaben. Schüsse pfiffen hinter ihm her. Es war nach elf Uhr abends. Eine dunkle Nacht, passend zu dem dunklen Geschehen, das sich da gerade ereignet hatte. Die Pistole hielt er noch mit der rechten Faust umklammert. Die Lungen keuchten. Die Angst um sein Leben ließ ihn wie irrsinnig rennen. Nur weg von seinem Elternhaus und den Braununiformierten, die ihm nach dem Leben trachteten. Die ihn totschießen wollten. Ihn, den Anton, der mit seinen 21 Lebensjahren doch noch viel zu jung war, um diese Welt zu verlassen. Der doch noch so viel vorhatte, für sich, seine Eltern, die Gewerkschaft, die Partei, die Köpenicker, die Menschen.

Eine größere Hecke sah er plötzlich vor sich. Den Sprung darüber schaffte er nicht und stürzte. Atemlos blieb er liegen und lauschte. Nichts war zu hören. Nur sein Herz schlug vernehmlich. Das gerade Vergangene raste noch durch seinen Kopf.

Er sah seinen Vater, seine Mutter, seine Schwester und sich am Wohnzimmertisch sitzen. Das Abendbrot war gerade gegessen. Das Gespräch rankte sich um die politischen Veränderungen in Köpenick und Berlin, im Land des Adolf Hitler, der am 30. Januar 1933 vom greisen Feldmarschall Hindenburg zum Reichskanzler von Deutschland ernannt worden war, und dessen nationalsozialistische „Sturmabteilungen“ nun Jagd auf alle machten, die nicht ihrer Weltanschauung folgten.

Der junge Mann verstand nicht, warum der Nationalsozialismus das Leben in Deutschland bestimmen sollte. Die Welt und die Menschen darin seien vielgestaltig, hatte ihm sein Vater immer gesagt. Von seinem Vater

hatte er viel gelernt. Er liebte ihn und sah zu ihm auf. Schließlich war der ein gestandener Mann, Gewerkschaftsführer, Mitglied des Reichswirtschaftsrates, Vorstandsmitglied des Landarbeiter-Verbandes, Mitglied der SPD und des Reichsbanners. Ein Vater, der wollte, dass es gerechter im Lande und auf der Welt zugehe und der sich dafür einsetzte. Der Sohn wollte das auch. Darüber hatten sie sich lange unterhalten.
Dann war es Zeit gewesen, zu Bett zu gehen. Er hatte allen „Gute Nacht“ gesagt und war in sein Zimmer hinaufgegangen. Nur mit der Badehose bekleidet – es war eine warme Juninacht – wollte er sich gerade hinlegen. Da quietschten Bremsen vor dem Haus, Autotüren klappten, und gleich darauf warfen sich schwere Schultern gegen die Haustür, sprengten sie auf, und genagelte Stiefel dröhnten im Treppenhaus.
Vater, Mutter und Schwester sahen sich entsetzt an. Die Frauen schrien auf. Er aber hatte sofort gewusst: „Sie wollen uns holen“, ihn und seinen Vater, seinen geliebten Vater. Das durfte nicht sein! Er war aufgesprungen, hatte seine Pistole aus dem Wärmflaschen-Versteck gerissen, bereit, seinen Vater zu verteidigen. Und auch sich. Er hatte an nichts anderes mehr gedacht. Er hörte nicht die angstvollen Rufe seiner Mutter zum Vater: „Johann, durch die Hintertür, schnell!“, noch die, hoch zu ihm: „Anton, nicht schießen, die bringen uns alle um!“
Er hatte nur gedacht: „Wir müssen uns wehren. Wir dürfen uns nicht alles gefallen lassen! Vater dürfen sie nichts tun!“ Er war zur Treppe gelaufen und hatte blindlings auf die dort heraufkommenden SA-Leute geschossen. Dann war er wie von Sinnen aus dem Haus gerannt.
Und nun lag er da, fast nackt, in der Juni-Sommernacht, von Heckenzweigen zerkratzt, mit Angst im Herzen und den Bildern seiner Tat vor Augen. Die Gedanken zerrissen ihn fast. War es richtig, was er getan hatte? Oder falsch? Sicher, er hatte auf Menschen geschossen, er hat-

te augenscheinlich Menschen getötet, er hatte das Heiligste, wie sein Vater immer sagte, er hatte menschliches Leben ausgelöscht.

Aber wollten die Männer, die er erschossen hatte, nicht auch seinem Vater, ihm und anderen Menschen ans Leben? Sie waren doch die Angreifer gewesen. Er hatte sich bloß gewehrt, er musste seinen Vater verteidigen. Und auch sich. Es war doch Notwehr! Aber hatten die Getöteten nicht auch Vater und Mutter und Geschwister wie er? Was würde jetzt mit den Seinen passieren? Konnte er sie retten? Was sollte er tun? Sich Kleidung besorgen, sich verstecken, fliehen? Dann kam die herzensverengende Angst wieder.

„Nein“, kam es ihm plötzlich in den Sinn, „so nicht! Ich kann etwas tun. Ich bin kein Feigling, der sich heimlich verkriecht. Ich stehe zu meiner Tat! Ich werde mich stellen! Ich werde sagen: Hier bin ich, der Anton Schmaus,

Anton Schmaus (1910-1934).

von Beruf Zimmermann und Schlosser, Jahrgang 1910, Mitglied der Sozialdemokratischen Partei Deutschlands und des Reichsbanners, Sohn des Gewerkschaftsfunktionärs Johann Schmaus und seiner Frau Mathilde, wohnhaft Alte Dahlewitzer Straße 2. Und dann werde ich bekennen: Ja, ich habe am 21. Juni 1933 gegen 23 Uhr meinen Vater verteidigt. Hier bin ich, ich stehe zu meiner Verantwortung, wie es sich für den Sohn meines Vaters geziemt. Die Konsequenzen meiner Tat zu tragen, bin ich bereit, nur tut meinem Vater und meiner Mutter nichts!"

Und so geschah es, dass am frühen Morgen des 21. Juni 1933 ein in offensichtlich der Gartenarbeit dienender Hose und Jacke gekleideter junger Mann freiwillig beim Köpenicker Polizeirevier 244 vorsprach und sich als der gesuchte Anton Schmaus ausgab. Vor der Polizei gab er die Tat, eine Tat der Notwehr, zu Protokoll. Am gleichen Tag wurde er durch Polizeibeamte in das Polizeipräsidium am Alexanderplatz gebracht. Dort warteten schon Dutzende von SA-Angehörigen. Sie schossen ihn trotz polizeilicher Bewachung in den Rücken.

Anfang 1934 starb Anton Schmaus im Polizeikrankenhaus an den Folgen dieser Schussverletzung. Sein Vater wurde noch am 22. Juni 1933 schwer misshandelt und dann im Schuppen seines Grundstücks erhängt. Seine Mutter kam in das Amtsgerichtsgefängnis Köpenick und musste dort auf den Treppen und in den Zellen die blutigen Spuren der „Vernehmungen" aufwischen. Seelisch gebrochen konnte sie später wieder nach Hause zurückkehren. Seine 13-jährige Schwester war inzwischen bei Verwandten untergekommen, sein Bruder musste sich verborgen halten. Die weiteren Lebenswege von Mutter, Schwester und Bruder verlieren sich im Dunklen, wie so manche Lebenswege von Gegnern des Nationalsozialismus in der Zeit von 1933 bis 1945.

Kriegsende in Köpenick

DIE KOLONNE der sechs schweren Panzer mit den weiß umrandeten schwarzen Balkenkreuzen an ihrer Seite rollte dröhnend durch die Oberspreestraße Richtung Altstadt. Sie überquerte die Lange Brücke, die sich über die Dahme spannt, und bog dann nach links in die Schlossstraße (heute Alt-Köpenick) ein. In der Straßenschlucht steigerte sich das Gerassel der breiten Ketten zu furchterregendem Lärm. Die Menschen, die noch nicht „zu den Fahnen" gerufen worden waren, saßen vor Angst zitternd in den Kellern ihrer Häuser. Der Kalender zeigte den 22. April 1945 an.
Die Furie des Zweiten Weltkriegs raste schon lange mit ihren feurigen Zerstörungen aus dem Himmel über Berlin. Jetzt klopfte sie auch vom Boden her an die Tore der deutschen Hauptstadt. Köpenick, im Berliner Südosten gelegen, wurde nach dem Brechen der deutschen Front am 16. April 1945 an der Oder sehr schnell in den Strudel der Kämpfe hineingezogen. Die Rote Armee stand ante portas.
Das durch Mark und Bein gehende Kettenklirren der „Königstiger", der stärksten Panzerkampfwagen der Wehrmacht, ließ Straße und Häuser erzittern. Es zitterten dadurch noch mehr die Menschen in den Kellern. Die einen vor Erschrecken: „Das sind die Russen!" Die anderen vor Hoffnung: „Das sind die Unseren! Nun wird alles gut!"
Vor dem Rathaus stieß der Kommandant des Führungspanzers, im Turmluk stehend, den Arm steil in die Höhe. Sein Panzer stoppte, die anderen abrupt nach ihm. Das Dröhnen der Motoren erstarb. Sie blubberten im Leerlauf leise weiter. Der Kommandant, ein mit dem Ritterkreuz ausgezeichneter junger Leutnant, kletterte aus dem Turm und hechtete auf das Straßenpflaster. Durch Funk verständigt, kamen die anderen fünf Kom-

mandanten zu ihm. Alle beugten sich über einen Stadtplan. Offensichtlich suchten sie nach dem weiteren Weg. Zu fragen war niemand, die Straßen waren menschenleer, die Haustüren verschlossen. Da ging der Leutnant ins Rathaus.

Und siehe: Getreu seinem preußischen Beamteneid und seiner Pflicht saß da ein Pförtner auf seinem Platz, mutterseelenallein, wie er sagte. „Auch der Bürgermeister Karl Mathow ist nicht mehr da!“ Er wies dem Offizier den Weg zum Bahnhof Köpenick. Die Panzerkolonne hatte Befehl, dort die Verteidigungskräfte zu verstärken und einen Gegenangriff zu unterstützen. Am Abend wurde vom Oberkommando der Wehrmacht aus dem „Führerhauptquartier“ bekannt gegeben: „Der verloren gegangene Bahnhof Köpenick wurde im Gegenstoß wieder genommen.“

Die Panzerkommandanten bestiegen wieder ihre Kampfwagen. Der Leutnant stieß die geballte Faust dreimal in die Höhe. Die Motoren dröhnten auf. Die 55-Tonner rollten an. Straße und Keller erbebten erneut, die Menschen in ihren Kellerverliesen nicht minder. Die „Königstiger“ röhrten weiter durch die Schlossstraße, bogen an der Straße, die da Freiheit heißt, nach links ab in die Lindenstraße und überquerten die über die Spree führende Dammbrücke, an der schwere Flak Stellung bezogen hatte, deren Rohre ihrer 8,8-Geschütze zum Erdkampf heruntergekurbelt waren. Die sechs Panzer bogen dann rasselnd und scheppernd nach rechts in die Bahnhofstraße ein, erhöhten auf der fast geraden Strecke ihre Geschwindigkeit und erreichten bald den hohen Bahndamm, die Bahnüberführung und das Bahnhofsgebäude des S-Bahnhofs Köpenick. Dort sollte die weitere Einweisung zum Gegenstoß in das weiträumige Bahnhofsgelände erfolgen.

Der Führungspanzer stoppte kurz hinter der S-Bahn-Brücke, die nachfolgende Kolonne auch. Und hier, zu

Die Treskowbrücke 1945.

Beginn der Mahlsdorfer Straße, vollendete sich das Schicksal der Panzermänner im Führungs-Kampfwagen, die bisher nur selbst Schrecken und Vernichtung verbreitet hatten und an denen die Kriegsfurie bisher vorbeigetobt war.
Der Leutnant wollte gerade wieder den Turm verlassen. Da sahen er und sein Richtschütze es fast gleichzeitig: Aus der Ferne der Mahlsdorfer Straße rollten auch Panzer heran, nebeneinander gestaffelt. Sie trugen den Roten Stern. Die Russen! Stalinpanzer, 48-Tonner, der Sowjetarmee stärkste Kampfwagen! Das Schussfeld war auf beiden Seiten ideal. Bei der kurzen Entfernung konnte nicht vorbeigeschossen werden. Beide Richtkanoniere der ersten Panzer waren erfahrene Soldaten, die nur kurze Schrecksekunden kannten. Beide visierten sich fast gleichzeitig an. Beide schossen zugleich. Die Flammenstrahlen aus den Langrohrkanonen schienen sich zu kreuzten. Beide Granaten trafen.
Ob der Stalinpanzer vernichtet wurde, war später nicht mehr festzustellen. Dem ersten deutschen „Königstiger“ wurde die zentimeterdicke Panzerung durchschlagen. Im Panzer explodierte Munition, er begann zu brennen. Nur der Kommandant hatte eine Chance, sich zu retten. Er schwang sich aus dem Turm. Da trafen ihn Maschinengewehrkugeln aus den anderen Stalinpanzern. Halb aus dem Turmluk hängend verblutete er, sinnlos, wie Millionen verführter deutscher Soldaten zuvor.
Als die Wolken aufrissen und ein paar Sonnenstrahlen die grausige Szenerie beleuchteten, da blinkten noch einmal das Ritterkreuz am Hals des Toten und die hellen Blech-Totenköpfe auf den Kragenspiegeln der schwarzen Uniform auf, wie zum Zeichen eines Menetekels: Der hochdekorierte Sieger, der bisher den Tod brachte, war selbst dem Tod nicht entgangen. Der Leutnant wurde bald weggeschafft. Der deutsche Panzer stand noch,

ausgebrannt, geraume Zeit an gleicher Stelle der Brückenunterführung.
Von Panzerfaustschützen und Infanterie angegriffen, zogen sich die Stalinpanzer noch einmal tiefer in die Mahlsdorfer Straße zurück. Die sowjetische 39. Garde-Schützendivision, zu der sie gehörten, musste sich am 22. April 1945 aus dem schon eroberten Bahnhofsgelände Köpenick wieder Richtung Mittelheide und Elsengrund zurückziehen. Der deutsche Gegenstoß hatte aber nur für den restlichen Tag und eine Nacht Erfolg. Trotz hartnäckigem Widerstand gingen Bahnhofsgelände und Bahnhof Köpenick bald wieder verloren. Die sowjetischen Angriffstruppen drangen am 23. April 1945, aus Friedrichshagen kommend, das sie am 22. April erobert hatten, in Alt-Köpenick und in die Damm-Vorstadt ein und brachen allen Widerstand. Eine gewisse Zeit wurden sie noch einmal durch die 8,8-Flakgeschütze an der Dammbrücke aufgehalten, einer Waffe, die allen Panzern des Zweiten Weltkriegs gefährlich werden konnte. Doch auch diese letzte Stellung der Verteidiger wurde, für die Kanoniere verlustreich, niedergekämpft.
Die geschlagenen Kampftruppen der Wehrmacht zogen sich in der Nacht des 23. zum 24. April in das Industriegebiet Oberschöneweide zurück, wo die aus dänischen Freiwilligen bestehende SS-Panzer-Grenadier-Division „Nordland“ die sowjetischen Stoßkeile der 8. Gardearmee und der 1. Garde-Panzerarmee noch einen Tag lang aufzuhalten vermochte. Das, was bisher vom LVI. (56.) Panzerkorps des Generals Weidling übrig geblieben war, konnte dadurch die Spree überqueren. Dann waren am Abend des 24. April 1945 alle deutschen Truppen aus Köpenick auf das linksseitige Flussufer übergesetzt, und deutsche Pioniere zerstörten den Kaisersteg und die Treskowbrücke. Für Köpenick war der Zweite Weltkrieg zu Ende.

„Quimburga" – Der große Sturm

DER WETTERBERICHT WAR eindeutig gewesen. „Es ist mit hohen Windgeschwindigkeiten zu rechnen und mit Sturmböen bis zu Orkanstärke." Das bedeutete Windstärke zwölf. Dass der Wettergott aber so auf Berlin und besonders Köpenick einschlagen würde, damit hatte keiner gerechnet.

Immer stärker blies der Wind um die Mittagszeit an diesem 13. November 1972; er wurde zum Sturm, zum Orkan. Das Heulen um Häuser und Türme klang schauerlich. Immer mehr bogen sich die Bäume, der Staub wirbelte in dichten Schwaden durch Straßen und über Plätze, nicht befestigte Holzteile und Baustellenplanen flogen durch die Luft, Gerüste wurden losgerüttelt, schon bald zerschellten hier und da Dachziegel auf Gehwegen und Fahrbahnen. Wer es konnte, der blieb zu Hause; wer dennoch ins Freie musste, der stemmte sich, halb gebückt, gegen die das Atmen schwer machenden, rasenden Luftmassen, um vorwärtszukommen, oder entwickelte, getrieben vom Sturmdruck, eine oft nie geahnte Schnelligkeit, immer mit der Angst, irgendetwas Schweres auf Kopf oder Körper zu bekommen und verletzt oder gar erschlagen zu werden.

Angesichts dieses Tobens der Naturgewalten erwies sich manches Menschenwerk als schwach und widerstandslos. In Köpenick-Nord zerrte diese Urgewalt an den Flachdächern der vierstöckigen Q3A-Häuser der Wohnungsbaugenossenschaft des Außenhandels, die längs der Wuhle, der Wuhlheide zugewandt, 1961 erbaut worden waren. Lange Zeit hielten alle Dachverankerungen. Es kam aber der Moment, da einige doch nachgaben. Bei einer besonders heftigen „Windsbraut" hielt eine Eckverankerung am Dachgiebel des Hauses Kaulsdorfer Straße 198/202 der Orkangewalt nicht mehr stand und wurde aus der Befestigung gerissen.

Andere Böen nutzten das willkommene Spielzeug, zerrten und rüttelten immer heftiger am Dacheck, hoben schließlich stoßweise das halbe Hausdach immer höher an, freuten sich, wenn es mit schauerlichem Krachen wieder in die Ursprungslage zurückknallte und die Leute in den Wohnungen darunter jedes Mal schreckhaft zusammenzucken ließ. Das Dach klappte immer höher auf. Dann kam, was kommen musste: Eine heulende Orkanbö jagte heran, das halbe Hausdach hob sich wie ein Blatt Papier, wurde zum Segel, stand senkrecht im Sturm und wurde, vom Gebäude völlig abgerissen, mit Brachialgewalt hinter das Haus geschleudert, wo es krachend im Nachbargrundstück landete, zum Glück ohne jemandem Schaden zuzufügen.

Ein großer Teil des Hauses war nun „oben ohne". Der Regen, den dieser Novemberorkan mit sich führte, fand in den Wohnungen der oberen Stockwerke bei den Betonplatten der Zimmerdecken durch Ritzen und Kabelöffnungen der Lampen schnell Zugang auf Möbel und Teppiche, es sei denn, die Bewohner hatten genügend Eimer und Töpfe zurechtgestellt, um die Rinnsale aufzufangen. Erst Wochen später konnte ein Notdach aufgesetzt werden, denn vielerorts rief man in jenen Tagen in Berlin um Hilfe.

Besonders schlimme Verwüstungen hatte das Sturmgeschehen in Köpenick an zwei Kirchen hinterlassen. Die schöne Turmspitze der katholischen Kirche St. Josef wurde so schwer beschädigt, dass sie später gänzlich abgerissen werden musste. Noch schlimmer wütete der Orkan an der evangelischen St. Christophoruskirche in der Friedrichshagener Bölschestraße. Dort riss er die filigrane 34 Meter hohe Kirchturmspitze, den Holzturmhelm und Glockenturm zuerst in eine Schieflage und ließ dann Dachteile abstürzen, die zwei riesengroße Löcher in das Kirchdach schlugen, das darunterliegende Gewölbe beschädigten und auch auf Bürgersteig und Straße vor der

Der Turm der St. Christophoruskirche während des Wiederaufbaus.

Kirche zersplitterten. Unglücklicherweise lief in diesen Augenblicken gerade eine Friedrichshagenerin, 64 Jahre alt, schwer gegen den Sturm ankämpfend, an der Kirche vorbei. Herabstürzende Dachteile und Gesteinsbrocken trafen sie tödlich. Sie war eines der Orkanopfer, die später in Groß-Berlin mit fünf Toten und 481 Verletzten gezählt wurden.
Da der Turm der Christophoruskirche einzustürzen drohte, wurden die umliegenden Häuser evakuiert. 59 Bewohner bekamen zuerst eine Notunterkunft in der nahe liegenden 10. Oberschule in der Aßmannstraße (heute Müggelsee-Schule) und dann in einem Ferienheim am Müggelsee (heute Seehotel Friedrichshagen). Sie konnten erst zurückkehren, als der Turmhelm vollständig zum Einsturz gebracht worden war.
Jahre dauerte dann der Wiederaufbau der Turmspitzen beider Kirchen, der katholischen wie der evangelischen. Der Staatsmacht war an Eile nicht gelegen. Wenn westdeutsche Partner-Kirchengemeinden nicht mit klingender D-Mark, an die DDR gezahlt, geholfen hätten, die dann, 1:1 in „Mark der deutschen Notenbank“ getauscht, an die Kirchgemeinden flossen und Bauleistungen möglich machten, wäre wohl nur eine flache Abdeckung zustande gekommen. So aber krönen seit Ende der 70er-Jahre wieder Giebeldächer die Gotteshäuser. Die schönen hohen und filigran in den Himmel ragenden Kirchturmspitzen findet man nur noch auf alten Postkarten. „Quimburga“, der Jahrhundertsturm, muss wohl eine Atheistin gewesen sein.

Köpenicker Sommer

DIE KÖPENICKER FEIERN gern. Schon ab 1451 trafen sie sich zum „Fest des Grenzenzuges". Der Anlass dazu mutet heute anekdotisch an: Die Stadt Cöpenick gestattete damals vertraglich den Fischern der Nachbargemeinde Kietz den Fischfang in den Gewässern, welche die Stadt umgeben. Die Kietz-Bewohner waren im Gegenzug verpflichtet, der Stadt Cöpenick „eine Tonne Bier und Fische für eine reichliche Mahlzeit" zu liefern. Die Grenzen der Fangreviere wurden mit großen Steinen markiert – gezogen, so sagte man damals. Bis 1874 erinnerte man jedes Jahr an den Zeitpunkt ihrer Festlegung mit dem „Grenzenzug", einem zünftigen Volksfest. 1926 fand der Versuch einer Neubelebung keine Fortsetzung. 1935 wurde der „Köpenicker Wäschertag" aus der Taufe gehoben, mit einem großen Festumzug des Wäschereigewerbes, das Köpenick damals schon lange kennzeichnete, und Henriette Lustig, „Mutter Lustig", die zum Sinnbild dafür gewordene Person im Mittelpunkt. 1946, der verheerende Zweite Weltkrieg zeigte überall noch seine Spuren, zog auf der Schlossinsel das erste Köpenicker Heimatfest viele Besucher an. Die Besinnung auf gute Traditionen Köpenicks und die Sehnsucht nach Freude, Zerstreuung und auch die Neugier, etwas zu erleben und auch kaufen zu können, ließ den Zustrom aus nah und fern nicht abreißen. Ab 1959 versuchte man, mit den Köpenicker Rundfunktagen eine weitere Volksfestlichkeit zu beginnen. 1962 war es dann so weit, dass eine Tradition ihren Anfang nahm, die nun schon seit Jahrzehnten fortbesteht. Vom 1. bis 9. September fand die erste Köpenicker Sommer-Festwoche statt mit Glanzpunkten wie dem Sommerball auf dem Müggelturm, dem Müggelfest in Friedrichshagen, Konzerten auf der Schlossinsel, der Kino-Sommerfilm-Woche und einem Riesenfeuerwerk über dem Müggelsee.

Der Hauptmann von Köpenick durfte als Publikumsattraktion dabei nicht fehlen. Er fuhr, dargestellt vom damals sehr bekannten Schauspieler Werner Troegner, in einem Sonderzug vom Ostbahnhof zum S-Bahnhof Köpenick, um dann mit seiner Garde Stiefel lärmend und von einem dicht gedrängten Publikumsspalier begleitet, zum Rathaus zu marschieren und dort den Bürgermeister zu verhaften. Der „Köpenicker Sommer" war geboren.

Ab dem zweiten Köpenicker Sommer wurde die Festivität in den Juni verlegt, immer noch vom 22. bis 30. dauernd, ein Wochenereignis. In diese Zeit fiel auch die Eröffnung des Kunstgewerbemuseums im Köpenicker Schloss, das zusätzlich dazu beitrug, dass zum Köpenicker Sommer in den Folgejahren jährlich von der Kulturverwaltung weit über 150 000 Besucher gezählt werden konnten. Kurios wurde der „Raub der Stadtkasse" zunehmend dadurch, dass dem falschen Hauptmann jahrelang in der Kassette Dokumente mit den Erfolgen der Köpenicker Werktätigen im – von der Sozialistischen Einheitspartei Deutschlands initiierten – Mach-Mit-Wettbewerb übergeben wurden, die er dann lauthals und Beifall heischend verkündete.

Die Köpenicker ließen sich durch nichts in ihrer Feierlaune stören. Dicht gedrängt standen sie vor den Bühnen und zahlreichen Verkaufsständen, in Scharen durchströmten sie die Altstadt, die Schlossinsel, den Luisenhain und auch die temporären Budengassen an den Flussufern und auf dem Platz des 23. April mit der großen Wiese davor. Das Gedränge war, besonders um das Rathaus, manchmal so stark, dass sich Eltern, mit dem Rücken zur drückenden Volksmenge und sich mit den Händen an den Hauswänden abstützend, schützend vor ihre kleinen Kinder stellen mussten, damit diese nicht Schaden erlitten. Besondere staatliche Zuteilungen, wie Erdbeeren und andere „Bückware", die es sonst nicht so

Der Köpenicker Sommer 1965 in der Böttcherstraße.

ohne Weiteres gab, erhöhten den Besucherzustrom weiter. Die sich dann schnell bildenden langen Schlangen waren äußerer Beweis, dass da etwas Besonderes angeboten wurde.

Alle aber wollten beim Hauptmann-Spektakel dabei sein und die Köpenickiade sehen. Diese wurde immer mit preußischem Schneid, lauter Marschmusik und bellenden Befehlen durchexerziert. Die „Hauptmänner" wechselten im Laufe der Zeit: Werner Troegner (1962), Willi Narloch (1963), Hans Flössl (1964–1970), Manfred Korth (1971–2000) und jetzt schon jahrelang der Volksschauspieler Jürgen Hilbrecht. Durch sie wurden und werden die Köpenicker Bürgermeister zu den meistverhaftetsten Stadtoberhäuptern Deutschlands.

1990 wurde aus dem Köpenicker Sommer zu Septemberbeginn ein Herbstmarkt und ein Volksfest am Wochenende ohne Festumzug. Das Geld war knapp geworden. Erst 1995 lebte der Köpenicker Sommer, nun immer am Wochenende im Juni, wieder in gewohnter Form auf: mit Köpenickiade, klingendem Spiel, Festwagen und vielen bunten Gruppen der unterschiedlichsten Zusammensetzung von Groß und Klein.

Vor einigen Jahren schlich sich da in einen Autokorso auch ein NVA-Trabant ein, wie ihn Grenzsoldaten der Nationalen Volksarmee auf den Postenwegen des Todesstreifens an der Mauer benutzt hatten, voll besetzt mit uniformierten Grenzern, die fröhlich Hauptmann und Bürgermeister beim Vorbeifahren zuwinkten. Der Vorfall beschäftigte später Öffentlichkeit, Presse und auch die Bezirksverordnetenversammlung: Wie konnte das geschehen? Achselzucken war die Antwort. Wieder war eine Art von Köpenickiade geboren!

Vietnamesische Matten

IN KÖPENICK WURDEN zu DDR-Zeiten die Ostertage schon lange von vielen Menschen sehnsüchtig erwartet, nicht nur der freien Stunden und schon gar nicht des christlichen Festes wegen. Nein, zu Ostern gab es eine Wassersportausstellung, die im Laufe der Zeit an zwei Schauplätzen stattfand: einerseits im Park am Platz des 23. April, andererseits auch im und vor dem Gesellschaftshaus Grünau in der Regattastraße. Zu besichtigen waren Ruderboote, Faltboote, auch kleinere Segel- und Motorboote, hergestellt in den Werften Köpenicks, alle mit viel Zubehör, genauso wie Zelte und Zeltausrüstungen und auch die begehrten und nicht leicht zu bekommenden Wohnwagen der Marken Bastei und Queck junior, Letztere aus der „Bevölkerungsbedarfs-Produktion“ des Stahlwerkes Hennigsdorf.

Was aber bei einer solchen Ausstellung ganz besonderes Interesse auslöste, das waren „vietnamesische Matten“: aus Reisstroh gefertigte, flache Fünfundzwanzig-Zentimeter-Quadrate, die sich, zu metergroßen Flächen zusammengenäht, wunderbar als rustikale Auslegware für vielerlei Zwecke eigneten, so für Kinderzimmer, Gartenlauben und Datschen. Sie waren aber eine „Bückware“, die nur zur Wassersportausstellung öffentlich angeboten wurde, es sei denn, man hatte Beziehungen. Die meisten Köpenicker hatten diese nicht; viele aber wollten solche Matten haben. In den 70er- und 80er-Jahren waren vietnamesische Matten „in“ und heiß begehrt. Deshalb richteten sich die Hoffnungen immer auf die Wassersportausstellungen. Doch der Erwerb war nicht so einfach.

Einige Leute stellten sich schon im Morgengrauen am vermeintlichen Verkaufsstand an – wenn sie Glück hatten, war es auch der Richtige –, um, wenn dann das Verkaufspersonal in den Vormittagsstunden auftauchte, zu den Ersten zu gehören, die in den Besitz des begehrten

Kinderzimmer, ausgelegt mit vietnamesischen Matten.

Reisstrohs gelangten. Wer später kam, konnte sich auf stundenlanges Anstehen einrichten. Ganz Gewitzte hatten Picknick-Körbe und ein Stühlchen dabei. Endlich am Verkaufsstand angelangt, erfolgten in bürokratischer Länge die Verkaufs-Formalitäten.
Auf der Ladefläche eines LKW lag die Ware; die erworbenen Pakete konnten gleich vor Ort in Empfang genommen werden. In Grünau ging man mit Quittungs-

beleg und Berechtigungsschein ins Gesellschaftshaus, wo sich in einem gesonderten Raum die Matten-Pakete stapelten, und bekam dort seine mühsam erstandene „Handarbeit aus Freundesland“ ausgehändigt, aber nicht immer die gewünschte Menge. Oft schüttelte der Verkäufer den Kopf und reduzierte den geäußerten Wunsch mit der Bemerkung: „Andere wollen auch noch was haben!“ Das, was man bekam, musste man sofort selbst abtransportieren. Wie Kulis beladen, zogen dann zufriedene Bürger an der noch langen Schlange sehnsüchtiger Bürger vorbei.

Am Karfreitag, dem 24. März 1978 – kirchliche Feiertage waren zu DDR-Zeiten keine Veranlassung, Verkaufsausstellungen zu vermeiden –, kam es zu einer besonderen Begebenheit. Als es bei der Wassersportausstellung an diesem Karfreitag vor dem Gesellschaftshaus Grünau am Spätnachmittag plötzlich hieß: „Die Matten für heute sind alle! Kommen Sie morgen wieder, da verkaufen wir das Kontingent des nächsten Tages“, da entstand in der langen Warteschlange ein großes Murren.

Die Nachricht raste wie der Funke einer Zündschnur vom Ersten bis zum Letzten in Sekundenschnelle durch. Aus der langen Reihe der schon Stunden anstehenden 40 bis 50 Kaufwilligen wurden Rufe laut: „Sollen wir uns morgen noch mal stundenlang die Beine in den Bauch stehen! Das gibt’s doch nicht!“ Die sonst Ruhe schaffende strenge Hinzufügung des Verkäufers: „Das ist eine staatliche Anordnung!“ half auch nicht, der Unmut wurde weiter laut geäußert.

Nun geschah etwas, was man schon als gewisse Erosion der DDR bezeichnen konnte. Die Schlange blieb erst wie versteinert stehen, wurde dann zur großen Runde um Verkaufsstand und Verkäufer und verlangte lauthals, noch abgefertigt zu werden! Der Verkäufer war rat- und machtlos. Er holte schließlich seinen Vorgesetzten, der zuerst abwiegelte und alle nach Hause schicken wollte.

Da waren aus der empörten Menge plötzlich zwei Wortführer da, die alle Schlangesteher aufforderten, in das Gesellschaftshaus zu gehen und dort so lange zu bleiben, bis alle ihre Matten bekämen, das Kontingent von morgen liege ja da. Unter Protest von Verkäufer und des „höheren Tieres“ geschah das. Auch einem hinzugeeilten Volkspolizisten und dessen energischen Worten „Bürger, gehen Sie nach Hause!“, wurde nicht gehorcht. Die Menge derjenigen, die da aufbegehrten, füllte erst den kleinen Hof vor der Eingangstür zum Gesellschaftshaus Grünau, dann aber das gesamte Vestibül – und blieb trotzig da, stehend oder auf dem Boden sitzend. „Wir gehen hier nicht weg, bis wir unsere Matten haben“, sagten die Wortführer, und alle nickten dazu.
Da erschien nach einiger Zeit das „höhere Tier“ wieder, hatte ein Blatt Papier in der Hand und rief in die Menge, dass jeder seinen Namen mit Anschrift und Mattenwunsch aufschreiben solle. Alle würden ihre Matten bekommen, nicht jetzt, sondern später, nach Benachrichtigung und von anderer Stelle.
Das löste mulmige Gefühle aus. Ein Protest gegen eine staatliche Festlegung war zu DDR-Zeiten kein Bagatellfall. In der Hitze der Auseinandersetzungen hatte man aus den Reihen der Unzufriedenen auch Worte der Kritik gegen die „sozialistische Versorgungslage“ gehört. Den Anordnungen der Staatsmacht war nicht Folge geleistet worden. Nicht wenige dachten an die Staatssicherheit, die Namen haben wollte. Einige gingen jetzt weg.
Aber die meisten setzten schließlich ihre Angaben auf die Liste. Und – o Wunder! – nicht die Staatssicherheit kam, sondern Wochen später ein Schreiben von einer Auslieferungsstelle in der Stadt mit dem lakonischen Text: „Werter Bürger, Sie können Ihre gewünschten vietnamesischen Matten an angegebener Stelle abholen. Mit sozialistischem Gruß.“ Ein zaghafter Bürgerprotest hatte Erfolg gehabt!

Haus der Sehnsucht

AN DER VIEL BEFAHRENEN Rummelsburger Landstraße 110 stand ab den 60er-Jahren ein flacher Gebäudekomplex: die Anmeldestelle für Neuwagen und das PKW-Verkaufsbüro mit Auslieferungslager des Volkseigenen Betriebs (VEB) IFA-Vertrieb (Industrieverband Fahrzeugbau) Berlin. Heute steht dort ein Opel-Autohaus. Beim Normalbürger war diese Stelle zum Inbegriff langjähriger Sehnsucht geworden, der Sehnsucht nach einem Auto, denn zwischen Anmeldung und dem Glücksgefühl, ein Auto zu bekommen, lagen oft Jahrzehnte des Hoffens und Harrens.
Drei Besucherkategorien gingen im vorderen Flachbau, vor dem ein kleiner Parkplatz lag, ein und aus. Kategorie eins der Besucher meldete sich je nach Wunsch für einen Lada, Wartburg, Skoda oder Trabant, später auch Dacia an. Privilegierte Persönlichkeiten erhielten auch mal einen Westwagen wie Volvo, Citroën oder VW von anderer Stelle. Man äußerte seinen Ostwagentyp, erhielt eine Karteikarte, schaute sehnsüchtig durch die Glasscheiben in den Auslieferungsraum, wo einige Neuwagen auf ihre glücklichen Besitzer warteten, und ging oder fuhr mit dem Wissen nach Hause, dass man noch lange nicht dazugehören würde.
Kategorie zwei der Besucher kam in Abständen, um die Auslieferungs-Zeittafel zu begutachten und sich den Stand der Dinge zu notieren. Auf dieser Tafel im Eingangsflur waren die Jahre und Monate vermerkt, deren Anmeldedatum nun zur Auslieferung des Fahrzeuges anstand. Der Zeittafel-Besucher verglich diese Daten mit denen auf seiner Anmeldekarte und konnte sich – je nachdem – erwartungsvoll freuen, wenn die Differenz nicht mehr allzu groß war, oder zog seufzend mit Resignation im Blick und im Herzen wieder von dannen.

Inbegriff langjähriger Sehnsucht: Ein fabrikneuer Trabant vom Typ 601 Limousine Standard mit einer Duroplast-Karosserie, Baujahr 1988.

Kategorie drei aber kam mit Karteikarte, schriftlicher Benachrichtigung, freudigem Gesicht und mit Kind und Kegel zur Abholung. Die zog sich oft stundenlang hin, von der Abgabe der Unterlagen bis zum Aufruf zum Verkaufsabschluss; wer arbeitete, musste schon einen Urlaubstag nehmen.

Aber schließlich war es doch so weit, der lang ersehnte Augenblick war da! Ein Autohaus-Angestellter stand zur Verfügung, und die letzten Verkaufsformalitäten wurden erledigt. Es gab Käufer, die mit Bargeld kamen. Dann nahm das Zählen der rund 32 000 Mark etwa für eine Wartburg-Limousine wieder geraume Zeit in Anspruch.

Wenn alle Papiere unterschrieben und ausgehändigt waren, wurde der zur Autoübergabe erschienene Familienpulk hinter die Glasscheiben des Verkaufsraumes und

zum lang ersehnten Auto geführt, das inmitten eines guten Dutzends anderer, gestaffelt in zwei Reihen stehend, das eigene werden sollte. Der Autohaus-Angestellte öffnete Motorhaube und Kofferraum, ließ sehen, dass der Motor eingebaut und im Kofferraum das Ersatzrad und ein bisschen Werkzeug war, klappte alles wieder zu, hieß die Leute auf Neben- und hintere Sitze einsteigen – wobei es beim Trabant und nicht ganz schlanken Familienmitgliedern Verzögerungen gab –, setzte sich dann ans Steuer, startete, fuhr aus der Halle zu einem kleinen Seitenweg, der durch das nahe liegende Kleingartengelände führte, gab Gas, rollte 200 oder 300 Meter geradeaus, bremste zügig zum Beweis, dass der Wagen auch wieder anhalten konnte, wendete, fuhr in ebensolcher Art bis an eine seitliche Abstellfläche am Gebäude zurück, stieg aus, drückte dem Neubesitzer die Wagenschlüssel in die Hand, wünschte „Gute Fahrt“ und entschwand, oft mit einem aus glücklicher Hand gegebenen „Bakschisch“. Dieses reihte sich in die lange Kette von Zuwendungen ein, die Autobesitzer in der DDR vom Erwerb bis zu den Durchsichten ihres fahrbaren Untersatzes ausschütteten, um Termine zu bekommen oder zu beschleunigen, nicht vorhandene Ersatzteile plötzlich sichtbar zu machen und als „guter Kunde“ zu gelten.
Nun aber musste zuerst die nächste Tankstelle angefahren werden, weil im Tank jeweils nur die Pfütze Benzin war, die man bis dahin brauchte. Außerdem ließen die meisten Besitzer eines Ost-Neuwagens bald die Hohlraumkonservierung vornehmen, denn vom Hersteller aus war eine solche nicht vorgesehen. Drittens war umgehend für die erforderlichen Durchsichten eine Werkstatt zu finden, denn dort wurden in der Regel die Termine auch langfristig vergeben – manchmal im Januar für das gesamte Jahr, es sei denn, man bemühte besagtes „Sesam-öffne-dich-Bakschisch“ für erstaunliche Zeitverkürzungen.

Wuhle-Geschichten

BERLIN WIRD AUCH Spree-Athen genannt, und das zu Recht, denn die Zeugnisse großartiger Sammlungen griechischer Vergangenheit auf der Museumsinsel im Herzen der Stadt suchen ihresgleichen. Die Spree, die Köpenick und Berlin durchfließt, wird man sicherlich in Europa kennen, wenn man in der Schule aufgepasst hat. Nachgefragt nach dem Flüsschen Panke, das sich in der nordwestlichen Nähe des Bahnhofs Friedrichstraße in die Spree ergießt, wird wohl schon in Deutschland der Kenntnisstand stark eingeschränkt sein. Und will man gar von jemandem etwas zu Erpe und Wuhle wissen, dann sieht es ganz düster aus, es sei denn, der oder die Gefragte ist in Köpenick zu Hause und hat in Heimatkunde gut zugehört.

Die Panke, die Wuhle und die Erpe sind rechtsseitige Spreezuflüsse und waren Ziele früher Siedlungsströme aus dem Osten – für Sammler, Jäger und Fischer, die dann zu Bauern, Händlern, Gewerbetreibenden, Kaufleuten, Gastwirten, Arbeitern, Fabrikbesitzern und Soldaten wurden, wobei der Beruf des Fischers jahrhundertelang nicht ausstarb. Die Köpenicker Erpe ist ein mühseliges Rinnsal, den Sommer über fast immer ziemlich ausgetrocknet und nur bei großen Unwettern als Flüsschen wieder erkennbar.

Hier soll uns aber die Köpenicker Wuhle interessieren, das Gewässer, das den Namen Flüsschen noch zu Recht trägt und von der Quelle in Brandenburg bei Ahrensfelde bis zur Mündung in die Spree westlich der Altstadt Köpenick 15,4 Kilometer zurücklegt. Viele Geschichten kann sie erzählen, wenn man ihre Vergangenheit betrachtet und das Flüstern des Wassers zu deuten versteht.

In grauen Vorzeiten fuhren die Fischer in ihren Booten den gewundenen Wasserlauf hinauf und hinab. Sie bau-

Die Wuhle 1980 zwischen Birnbaumer Straße und der Straße am Bahndamm.

ten ihre Ansiedlungen links und rechts der Ufer bis nach Biesdorf und Marzahn. Als in der zweiten Hälfte des 20. Jahrhunderts dort die Neubaugebiete aus den Rieselfeldern emporwuchsen, hatten die Archäologen zuvor in den Aushüben für die Fundamente der Hochhäuser und die begehbaren unterirdischen Betonröhren der Fernheizung viel zu tun und zu entdecken.
Beliebt war das Siedlungsgebiet an der Wuhle auch dadurch, dass es sicherer war, dort zu siedeln und zu wohnen, wo Frühjahrshochwasser von Spree und Dahme nicht hinreichten. Trockene Füße und trockene Lagerstätten waren zu allen Zeiten beliebt.
Nicht nur durch Tausende von Bewohnern, die nach Marzahn in die neue Satellitenstadt kamen, wuchs der Bedarf an Nahrungsmitteln, darunter auch das bei vielen geschätzte Kotelett. Die Folge waren in den 70er-Jahren riesige Schweinemastanlagen in der Umgebung von Ahrensfelde. Die Ausscheidungen, Gülle genannt, dieser im zarten Alter niedlichen, im erwachsenen Zustand aber oft sehr schwergewichtigen Tiere kamen zwar in erster Linie auf Nutz- und Riesel-Felder der Stadt – Berlin wurde zu DDR-Zeiten auch das größte Dorf der Republik genannt, dessen Landluft bei Düngung und bestimmter Windrichtung vielen Nasen missfiel –, aber manche Abwässer wurden auch, nicht gut gereinigt, der Wuhle anvertraut, in der Hoffnung, dass diese sie ohne weiteren Aufwand zur Spree hin entsorgen möge.
Das hatte zu Folge, dass die arme Wuhle oft einen hohen Wasserstand führte und darüber hinaus auch noch so nährstoffreich wurde, dass sie fast zuwuchs. Von einem Floß aus mussten dann immer wieder die üppig wuchernden Schling- und anderen Pflanzen aus dem Flussbett mühsam herausgeschnitten werden. Das konnte Wochen dauern.
Dann kamen die staatlichen Behörden auf den Gedanken, um Hochwasser zu vermeiden, die Wuhle auf Köpe-

nicker Territorium zu verbreitern, um die Abwässer der Schweinemastanlagen und das viele Regenwasser, das auf den Betonflächen Marzahns nicht mehr versickern konnte, besser in die Spree zu leiten. Der Beschluss dazu wurde am grünen Tisch gefasst. Die Natur stand nicht im Vordergrund; alte und junge Bäume, die dichten Sträucher, das viele Nistplatzgehölz, alles wurde radikal weggerodet.

Bei den Kleingartenanlagen „Wuhlewiesen" und „Am Bahndamm" sowie der damals dazwischenliegenden Gärtnerei sollten die Gartenzäune um bis zu vier Meter zurückgesetzt werden, um der schweren Technik mehr Platz zu geben und das Flussufer abbaggern zu können. Die dann außerhalb der Gärten stehenden Obstbäume wurden geschätzt, den „Laubenpiepern" bezahlt und zum Fällen vorgesehen. Zum Weinen war es, als in Höhe der Parzelle 45 eine mächtige Trauerweide, die jahrzehntelang ihre Zweige in den Himmel und über die Wuhle gestreckt hatte, der kreischenden Säge zum Opfer fiel.

Die Wuhle wurde um mehr als einen Meter verbreitert, auch vertieft, d.h. entschlammt, und sogar noch etwas begradigt. Die Uferränder erhielten eine Folie, wodurch – was nicht nur die Dauerbewohner der Kleingartenanlagen gut fanden – in die Keller der angrenzenden Lauben und Häuser, sofern Keller vorhanden waren, weniger und später gar kein Grundwasser mehr hineinlief.

Die schon bezahlten Bäume der Kleingärtner wurden jedoch nie gefällt; das Geld, schon ausgezahlt, nicht mehr eingezogen. Die Wuhle sah noch lange Jahre „nackt" aus, ehe die Natur aufs Neue die von Menschen rücksichtslos geschlagenen Wunden vernarben und heilen ließ.

Bezeichnend für die damalige Zeit war, dass der Vorsitzende der Kleingartenanlage „Wuhlewiesen", Dr. Fred Wolter, der sich gegen die Zerstörung der Natur wandte und begonnen hatte, Unterschriften der Kleingärtner zur Unterstützung seiner Aktion zu sammeln, plötzlich Besuch von zwei Herren in langen Ledermänteln bekam, die, wie er erzählte, ihm sehr nahelegten, doch seine Aktion, da Staatsgefährdung, zu unterlassen, es sei denn, er nähme die Konsequenzen auf sich. Gefragt, welche das seien, bekam er zur Antwort: „Für Sie recht unangenehme!" Dr. Wolter kam später in psychiatrische Behandlung, die nicht verhinderte, dass er sich vor die S-Bahn warf und tödlich verunglückte.

Heutzutage gehört die Schweinemastanlage in Ahrensfelde der Vergangenheit an, genau so wie das Klärwerk, das die Abwässer in die Wuhle leitete. Der Wasserspiegel ist entsprechend abgesunken. Am Oberlauf bekommt die Wuhle im Sommer manchmal Wassersorgen.

Dennoch fließt sie weiter, träge und langsam, aber sie lebt und freut sich sicher mit den Menschen, die an ihrem Ufer auf den schönen Bänken mit dem Köpenick-Wappen die Natur genießen, oder die auf dem neuen festen Uferweg zu Fuß oder radelnd unterwegs sind; sie freut sich über oft blühendes, ansehnliches Grün, wieder hochgewachsene Bäume und Büsche mit fröhlichem Vogelgezwitscher, über die schnatternden Enten und stillen Schwäne, von Kindern an den Fußgängerbrücken begeistert gefüttert, und über die Pflege, die fleißige kommunale Hände den Uferböschungen und gelegentlich auch dem Wasser selbst angedeihen lassen. Die Wuhle gehört zu Köpenick wie Müggelsee, Dahme und Spree.

Das Heimatbuch, das nie erschien

URALT IST DAS menschliche Streben, gelebtes Leben festzuhalten. Wie viele, oft kunstvoll gestaltete und auch in teure Materialien gebundene Werke künden davon. Heutigen Generationen ist dadurch zugänglich zu erfahren, wie es früher war. Zum Glück fanden sich immer wieder befähigte Menschen, die Land und Leute der Vergangenheit beschrieben und dadurch vor dem Vergessen bewahrten. In Köpenick ist dabei der emsige und akribisch aufzeichnende Arno Jaster zu nennen, der 1926 seine „Geschichte Cöpenicks. Bilder aus dem Schicksal einer märkischen Stadt“ veröffentlichte.

In dieser Tradition fühlten und dachten auch die Leute, die sich 1956 zur Arbeitsgemeinschaft Heimatgeschichte im Rahmen des Kulturbundes (KB) Köpenick zusammenfanden. Das Beschlussprotokoll vom 9. März jenes Jahres ist aufschlussreich. Ein neues Köpenicker Heimatbuch wurde als fehlend angesehen, es sollte erarbeitet werden und zwei Teile haben, zuerst die Zeit bis 1945 beschreiben und dann, im zweiten Teil, die Zeit danach.

Mit Feuereifer machten sich einige Mitglieder der AG Heimatgeschichte unter Leitung seines Vorsitzenden, Werner Heine, Apotheker und Mitglied der NDPD (Nationaldemokratische Partei Deutschlands), der auch an einer Festschrift zum 275. Jubiläum seiner Apotheke schrieb, an die Arbeit. Schon im Oktober 1957 lag ein erstes Manuskript zur Geschichte Köpenicks vor, das der Zentralen Kommission Natur- und Heimatfreunde, auch im Kulturbund verankert, vorgelegt werden konnte. Manches war dabei, der kurzen Zeit wegen, mit der heißen Nadel gestrickt, sodass der Kommissionsvorsitzende Heine die erste Fassung zwar positiv einschätzte, aber auf Verbesserungen bestand. Demzufolge lief eine Überarbeitung an. Zur Autorengruppe gesellte sich 1958 Kurt Wernicke, von Werner Heine geworben, weil, wie Heine sagte, „ein gestandener Historiker, auch wenn er erst 28 Jahre alt ist, nur von Nutzen sein kann." Kurt Wernicke fungierte bald als Autor und Mitherausgeber.

Inzwischen hatte sich der Kulturbund Köpenick im Februar 1958 mit dem Verlag Das Neue Berlin in Verbindung gesetzt und das „Köpenicker Heimatbuch" zur Veröffentlichung empfohlen. Der Verlag nahm es in sein Programm auf. Alles schien reibungslos seinen „sozialistischen Gang" zu gehen. Aber dann begannen die Mühlen, langsamer und knirschend zu mahlen. Frau Ideologie war unzufrieden! Geschriebenes musste in der DDR vor einer Veröffentlichung beurteilt werden.

Die Kulturbund-Bezirksleitung Köpenick erhielt die überarbeiteten Artikel der nun zweiten Fassung zur politisch-ideologischen Bewertung. Doch der Bezirkssekretär des KB fand, wie er selbst mitteilte, „wegen Arbeitsüberlastung keine Zeit dazu" und schickte im März 1959 die zweite Fassung des Köpenicker Heimatbuches ungelesen an den Verlag, der nun seinerseits ein neues Gutachten erarbeitete, das im Juli 1959 vorlag.

Auf der Grundlage dieses Verlagsgutachtens kam es zu einer dritten Fassung, die nun die beanstandeten Lücken dadurch schloss, dass durch Materialien der „Gesellschaft zur Verbreitung wissenschaftlicher Kenntnisse", Kreisleitung Berlin-Köpenick, und Befragungen von Arbeiterveteranen die Geschichte der Arbeiterbewegung in Köpenick deutlich dargestellt wurde.

Nun schickte der Verlag diese dritte Fassung wieder zurück an die Bezirksleitung des KB zur dortigen Begutachtung, wo sich aber zunächst erneut keiner fand, der begutachten wollte. Wieder wurde Arbeitsüberlastung als Grund angegeben. Doch die Herausgeber, besonders Kurt Wernicke, drängten. Ihr Anliegen sollte doch endlich verwirklicht werden. Schließlich erklärte sich Frau Professor R., die 1. Vorsitzende des KB Berlin-Köpenick, bereit und fand Zeit zum Lesen. Sie war begeistert. Ihr Fazit: „Das Buch muss herauskommen! Vorzüge: Zuverlässige Sachkenntnisse, wissenschaftlich einwandfreie Fachkenntnisse, auch sprachlich meist gepflegte Sprache, weit gespannter Rahmen, interessanter Vortrag, gewinnende, warme Atmosphäre fast in allen Artikeln." Nichts schien einer Veröffentlichung mehr im Wege zu stehen.

Doch in der folgenden Besprechung der dritten Fassung in der Bezirksleitung des KB tauchten neue Bedenken auf, die zu einer vierten Fassung führten, die am 15. September 1961 dem Verlag übergeben wurde, obwohl, wie es im Begleitschreiben heißt, „es nicht gelungen ist, die geforderten Beiträge zur Entwicklung Köpenicks nach 1945 in der gewünschten Zahl zu erhalten". Andererseits wiesen die Herausgeber darauf hin, dass das Heimatbuch nun „sowohl im Unterricht, in Pionierstunden und bei interessierten Laien ein wissenschaftliches Weltbild vermitteln könne."

Die nächste Besprechung im Verlag Das Neue Berlin fand am 22. Dezember 1961 mit den Herausgebern und dem Bezirksrat für Kultur statt. Ergebnis: Gedruckt werden sollten 1500 Exemplare. Der Verkaufspreis sollte 4,50 Mark betragen. Der Verlag verzichtete auf die Herstellerkosten; die Autoren auf ein Honorar. Es wurden aber 5000 Mark an Subventionen benötigt. Die Bezirksleitung des KB hatte dafür kein Geld, einspringen wollte der Rat des Stadtbezirks Köpenick.

Der Verlag bestand auf einem weiteren Gutachten, das er im Februar 1962 erhielt, wieder verfasst von Frau Professor R., die erneut euphorisch schrieb: „Das vorliegende Heimatbuch (...) ist (...) nicht nur in seiner Einmaligkeit verdienstvoll, sondern wegen seines reichen Inhaltes, seiner sozialistischen Tendenz, überhaupt des

Geistes, aus dem heraus es entstanden ist (...). Ich halte das Manuskript für durchaus wert, dass der Deutsche Kulturbund seine Herausgabe verantwortet. Er sollte es bald tun."

Kurt Wernicke bearbeitete nun fleißig Beitrag für Beitrag bis hin zur Druckreife. Noch waren aber die 5000 Mark nicht gesichert. Der Köpenicker Bürgermeister F. erhielt jetzt das Manuskript und wurde verabredungsgemäß um die Subvention ersucht. Er reichte es zur Beurteilung weiter an den Ortschronisten M. Nach Eingang dieser schrieb Bürgermeister F. im Juni 1962 an die Herausgeber: „Der Inhalt des mir vorgelegten Entwurfs hat (...) von der ideologisch-politischen Seite her erhebliche Schwächen. Besonders die jüngere Geschichte Köpenicks unter den Bedingungen der Arbeiter-und-Bauern-Macht wird kaum oder ungenügend behandelt. Das kann nicht sein." Bürgermeister F. empfahl eine weitere politische Überarbeitung, eine fünfte Fassung, unter Einbeziehung der Kreisleitung der SED-Köpenick und ihrer Kommission zur Erforschung der örtlichen Geschichte der Arbeiterbewegung.

Im November 1962 gelangte deshalb das Manuskript, das der Verlag druckreif vorliegen hatte, an die SED-Kreisleitung. Die Aussprachen und Beratungen, die folgten, sind nicht gezählt. Im Februar 1963 kritisierte der verantwortliche Sekretär, Genosse K., in großer Funktionärsrunde weiterhin verschiedene Passagen und empfahl dem Rat des Stadtbezirks, für dieses Manuskript keine 5000 Mark zur Verfügung zu stellen. Er verlangte seinerseits eine weitere Überarbeitung, eine sechste Fassung. Die Genossen des Verlages lehnten diesmal ab. Kurt Wernicke, inzwischen promoviert, war bereit, seine Artikel noch einmal zu bearbeiten, hatte aber nicht mehr genug Nerven, um weiter als Herausgeber zu fungieren.

Der verantwortliche Sekretär der SED-Kreisleitung Köpenick, Genosse K., entschied nun, die Kommission zur Erforschung der örtlichen Geschichte der Arbeiterbewegung mit der Neubearbeitung des Manuskriptes zu beauftragen. Seitdem hat man von diesem sicherlich interessanten Köpenicker Heimatbuch nichts mehr gehört, obwohl die Kommission bis 1990 bestand. Nur Kurt Wernicke, nun lange schon Dr. sc., träumt noch gelegentlich wehmütig davon.

Der VP-Engel

WER IN DEN 70er-Jahren und auch noch später zu Fuß oder mit dem Auto in der Bahnhofstraße in Richtung Altstadt unterwegs war und dort ankam, wo diese Straße auf die Lindenstraße stößt, der konnte die Verkehrsregelung per Hand erleben. Auf einem hohen, runden, von einem kleinen Gitter umgebenen transportablen Podest standen zu verschiedenen Tageszeiten Verkehrspolizisten und dirigierten von der Straßenmitte aus mit Armbewegungen und schwarz-weißen Verkehrsstäben Straßenbahnen, Autos und Fußgängerbewegungen.
Oft sah man noch andere Volkspolizei(VP)-Angehörige, die auf dem Bürgersteig zusahen. Dann wusste man, wenn von Zeit zu Zeit aus dieser Gruppe einer den Mann auf dem Podest ablöste, wobei die weiße Mütze und die weiße Jacke oder der Mantel den Besitzer wechselten, dass hier die Verkehrsregelung geübt wurde. Viele VP-Angehörige sollten den Verkehr an Kreuzungen regeln können, wenn Ampeln ausfielen oder andere Ereignisse das erforderten. Sie waren dann Verkehrspolizisten.
Eine dieser Personen, die da häufig agierten, aber nicht mehr „üben“ mussten, sondern es zur Perfektion gebracht hatten, war eine junge Frau, die meist allgemeine Aufmerksamkeit auf sich zog. Das verdankte sie einerseits dieser exponierten Stelle auf dem Podest, andererseits der Tatsache, dass damals weibliche VP-Angehörige selten bei solch einer Tätigkeit zu finden waren, ganz besonders aber ihrer Erscheinung, denn sie war recht hübsch, schlank, eine junge anmutige Frau mit äußerst geschmeidigen und fließenden Körper-, Kopf- und Armbewegungen, die männliche wie auch manche weibliche Augen in ihren Bann zogen.
Sie trug den graugrünen Rock der Volkspolizei, der züchtig die Knie bedeckte, die militärisch geschnittene weiße Verkehrspolizei-Jacke mit Schulterstücken und auf

Eine Volkspolizistin beim Regeln des Verkehrs.

dem Kopf ein weißes Käppi, ein sogenanntes Schiffchen, das die üppigen Locken keck krönte. Entsprechend der Verkehrsanforderungen in der Lindenstraße und der in sie einmündenden Bahnhofstraße mit ihren Fußgänger- und Fahrzeugströmen drehte sie sich in die notwendigen Richtungen mit weit ausgestreckten Armen oder mit einem angewinkelten, um den geradeaus fließenden oder abbiegenden Verkehr zu dirigieren. Die einzelnen Phasen trennte sie jeweils durch ihren hochgestreckten rechten Arm, der, gelb bedeutend und den Verkehr stoppend, so lange, wie sie das für notwendig hielt, mit dem Verkehrsstab nach oben zeigte und die zierliche Gestalt größer wirken ließ.

Aber wie sie das tat, dieses Drehen des Körpers, diese Haltung der Arme, das regungslose Verharren in der eingenommenen Position, die erneuten Veränderungen ihrer Gestalt gemäß den Verkehrsanforderungen, das war anmutige Weiblichkeit par excellence, das waren fast tänzerische Arm- und Körperbewegungen, bar jeder sonstigen Volkspolizei-Steifheit. Das angedeutete Lächeln um ihre Lippen, das den wartenden Fußgängern und den durch sie zum Anhalten gezwungenen oder vorbeifahrenden Kraftfahrern nicht entging, unterstrich noch diese nette Person, die da eineinhalb Meter über der Straßenoberfläche stehend, mit ihrem weiß und schwarz beringten Verkehrsstab die jeweiligen Richtungen sperrte, freigab oder änderte.

Es kam schon vor, dass der eine oder der andere der Autofahrer, langsam an ihr vorbeifahrend, ihr nicht nur ein Lächeln schenkte, sondern auch mal eine Kusshand zuwarf, die sie allerdings mit Gleichgültigkeit quittierte. Am Tag der Volkspolizei, am 1. Juni, geschah es gelegentlich, dass ihr ein Blumensträußchen zu Füßen gelegt wurde.

Gehört wird sie es im Verkehrslärm vielleicht nicht haben, als da eines Tages ein junger Mann, dem sie gerade den Straßenübergang gesperrt hatte, ihr laut ein „Hallo, Engelchen, ich hab's eilig!" zurief. Der Rufer zauberte aber mit seinen Worten ein beifälliges Lächeln auf die Gesichtszüge der mit ihm Wartenden. Der Anblick dieser Verkehrspolizistin hat manches Gemüt froher und beschwingter gemacht.

Die Dunckerknoten-Geschichte

VON IHREN WUCHTIGEN zwei mal neunzig Meter langen Auffahrten strebt sie in einem langen, eleganten Bogen in die Höhe, um nach 243 Metern, gehalten von acht schlanken Pfeilern, wieder der ebenen Fahrbahn zuzustreben: die zweispurige Spannbeton-Autobrücke in Ost-West-Richtung, die die Straße an der Wuhlheide mit der Rummelsburger Straße verbindet und die Treskowallee (früher Dunckerstraße) von Norden und die Edisonstraße von Süden kreuzungsfrei unter sich lässt. Bis 1989 war dieser stark befahrene Ort für Kraftfahrer, Straßenbahnen und Fußgänger ein Fluchobjekt. Der Gedanke einer Überbrückung lag deshalb nahe. Den Auftrag erhielt im August 1988 das Autobahnbaukombinat, Betrieb Verkehrsbau Berlin, als Hauptauftragnehmer (HAN). Einzige Grundlage: ein Lageplan und eine Verkehrsstudie.

Ein Glück, dass Fritz Niedergesäß der HAN-Bauleiter dieses Bauvorhabens wurde, ein zupackender Mann mit klarer, unverklausulierter, manchmal auch lutherisch deutlicher Sprache, eben ein richtiger Mann vom Bau. Er stellte das notwendige Bauarbeiterkollektiv zusammen und sagte: „Geredet wird viel, gemeckert noch mehr. Hier muss sich was tun. Wir fangen an!“, – obwohl es weder verbindliche Pläne noch eine Baugenehmigung gab und das Vorhaben nicht in der üblichen Planung eingeordnet war. All das auf den sozialistischen Weg zu bringen, hätte Jahre gedauert. Fritz Niedergesäß wandte einen Trick an: Er veranlasste, dass der nicht geplante und noch nicht genehmigte Brückenbau öffentlich als Projekt zu Ehren des 40. Jahrestags der DDR am 7. Oktober 1989 deklariert wurde. Das machte diesen Brückenbau zum Politikum.

Damit ließ Fritz Niedergesäß auch Köpenicks Bürgermeister verstummen, der nach vier Wochen emsigen Trei-

bens mit Umleitungen, Rodungen und Baggerarbeiten angetobt kam, hinter sich ein Dutzend ebenso empörter Stadtbezirksverordneter und Mitarbeiter des Rates des Stadtbezirks, und der etwas von „Unverschämtheit, nicht genehmigt, illegalem Bau und Konsequenzen für den Bauleiter“ schrie.
Der Stadtbezirks-Bürgermeister hatte aber die Rechnung ohne den Wirt, sprich Fritz Niedergesäß gemacht. Der öffnete seine Schleusen der Beredsamkeit, die darin gipfelte zu fragen, ob der Genosse Vorsitzende des Rates des Stadtbezirks etwa ein Objekt zu Ehren des 40. Jahrestags der DDR zunichtemachen wolle; ob er die langen Wartezeiten der Werktätigen im stockenden Verkehr hier an der Kreuzung verantworte, wodurch er Zeit stehle, die dem Aufbau des Sozialismus verloren gehe; ob er denn nicht sehe, dass hier politisch und fortschrittlich gehandelt werde. Diese Argumente verschlugen dem Vorsitzenden die Sprache. Kleinlaut verschwand er samt Anhang auf Nimmerwiedersehen.
Der Dunckerknoten, so hieß das Brückenbauprojekt im Fachjargon, erlebte eine alle Widerstände überwindende Bautätigkeit, gleichwohl die monatliche Zuteilung von Dieseltreibstoff immer nur für circa drei Wochen reichte, und auch die Konsum-Bauarbeiterversorgung nicht im Plan stand. „Aber“, setzt Fritz Niedergesäß heute hinzu, „sozialistisches Bauen machte erfinderisch. Und Gott sei Dank gab es bei den einzelnen Teilbaustellen auch tollkühne Bauleiter, die genug Mumm in den Knochen hatten, Regelverstöße bei den üblichen planwirtschaftlichen Kriterien zu verantworten.“
Schließlich – die Brücke war schon halb fertig – hatten auch die Statiker alles berechnet. Die Prüfbescheide und Genehmigungen trudelten nach und nach ein, die immer hungrigen Bauarbeiter bekamen genug zu essen, und am 30. September 1989 konnten die Verkehrsflächen unter der Brücke freigegeben werden; Grund nun

für den 1. Sekretär der Kreisleitung Köpenick der SED, eine feierliche Rede zum Lob des Sozialismus und der DDR zu halten. Auch der Berliner Rundfunk ließ sich sehen und interviewte Ende November 1989 den HAN-Bauleiter Fritz Niedergesäß.

Der nahm wie immer kein Blatt vor den Mund und beklagte, dass die Bauarbeiter bei der Fertigstellung der Brückendichtung nicht weiterkämen, weil keine motorbetriebenen Sirocco-Heizgeräte vorhanden seien und auch der dafür notwendige Dieselkraftstoff fehle. Deutlich sprach er ins Mikrofon: „Wenn ich schon höre: Heizgeräte stehen nicht zur Verfügung, da braucht ihr auch keinen Diesel! Die da oben scheinen nicht zu wissen, dass es im November kalt wird und frische Dichtungen das nicht mögen. Die Schreibtisch-Bürokraten bringen die ganze Fertigstellung in Gefahr!"

Schmunzelnd erzählt er heute weiter: „Der Reporterbesuch hatte kuriose Folgen. Zwei Stunden später kam ein grüner B 1000 vorgefahren, und zwei Männer in blauer Kombi brachten uns drei Sirocco-Heizgeräte. Ich wollte den Empfang bestätigen. Da sagten die Genossen, dass sie keine Unterschrift mehr bräuchten, das hätte sich erledigt. Wir zapften dann einfach den Dieselkraftstoff aus den Baufahrzeugen ab und brachten so die Heizgeräte zum Laufen und die Brückenübergabe zur rechten Zeit fertig. Meine Kollegen vom Brückenbau Dresden haben diese Geräte dann noch viele Jahre für den Start in die Marktwirtschaft benutzt – und dann gab es ja immer Diesel!" Die Brücke wurde am 20. Dezember 1989 dem Verkehr übergeben. Da war Berlin schon auf dem Weg in die Einheit.

Das Flugzeug im Forst

DAS DURCHDRINGENDE HEULEN der Sirenen, die für Polizei, Feuerwehr und Krankenwagen rigoros freie Fahrt forderten, wollte an diesem 12. Dezember 1986 in den Straßen Köpenicks kein Ende nehmen. Aus vielen Richtungen kamen die Fahrzeuge angeprescht, die entstehenden Durchlässe geschickt ausnutzend. Die von Marzahn kommenden Wagen rasten durch die Kaulsdorfer Straße, die Bahnhofstraße, die Lindenstraße, über die Dammbrücke hinein nach Alt-Köpenick und über die Schlossbrücke wieder hinaus, schließlich durch die sich lang erstreckende Regattastraße zum Adlergestell und weiter Richtung Bohnsdorf und Schönefeld, wo sie sich mit Fahrzeugen gleichen Typs zu einer großen Ansammlung zusammenfanden. Die Passanten auf den Gehwegen, die Autofahrer, die von den Sirenen zum Anhalten und den seltsamsten Ausweichmanövern gezwungen wurden, schüttelten nur die Köpfe und fragten sich verwundert: „Was hat das denn alles zu bedeuten? Ein großer Verkehrsunfall? Verhinderung von Fluchtversuchen bewaffneter Sowjetsoldaten, die nach West-Berlin durchbrechen wollen? Eine Übung für den Katastrophenfall?“

Hätte man zu dieser Zeit aus der Vogelperspektive auf Alt-Köpenick und Umgebung herabschauen können, dann wäre aufgefallen, dass sich die vielen Volkspolizei-Streifenwagen, die Feuerwehren, die Barkas-Krankenwagen, auch die Ladas der Kripo und der Staatssicherheit, sternförmig von vielen Seiten kommend, alle auf eine Stelle in der unmittelbaren Nähe vom Ortsteil Bohnsdorf und vom an der Stadtgrenze liegenden Schönefeld zubewegten, von der, mitten in einem Waldstück liegend, dunkler Rauch aufstieg und auch ein Feuerschein zuckte. Ein Waldbrand, hätte man annehmen können. Es war aber kein solitärer Waldbrand, keine

Rettungsmannschaften an der Absturzstelle in der Nähe des Berliner Flughafens Schönefeld.

Übung für Katastrophen, es war die Katastrophe selbst, die blutige Wirklichkeit geworden war.
Später – als es sich nicht mehr verheimlichen ließ, wie früher mit anderen Ereignissen an anderer Stelle oft geschehen oder nur regional bekannt gemacht – meldete ADN, der Allgemeine Deutsche Nachrichtendienst der DDR, mit lapidaren Worten: „Zwölf Fluggäste, die den heutigen Absturz einer Aeroflotmaschine bei Bohnsdorf/

Schönefeld überlebten, finden zunächst in den Krankenhäusern Königs-Wusterhausen und Köpenick Aufnahme. Der Leiter der Regierungskommission zur Untersuchung des Unglücks, Minister für Verkehrswesen Otto Arndt, stattet den Verletzten einen Besuch ab."
Die einfache ADN-Nachricht verdeckte eines der schrecklichsten Ereignisse, das die Köpenicker Region je erlebte. Das ganze Ausmaß der Katastrophe in Köpe-

nick und Umgebung wurde nicht durch Rundfunk- und Fernseh-Nachrichten, sondern, einem Lauffeuer ähnlich, durch Hörensagen bekannt: Eine sowjetische Passagiermaschine vom Typ Tupolew war, aus Minsk kommend, schon im Sinkflug begriffen, kurz vor der Landung auf dem Flughafen der „Hauptstadt der DDR“ Berlin-Schönefeld in den Wald gestürzt, nur wenige Hundert Meter von den Stadtrandsiedlungen entfernt. Das Flugzeug hatte die Baumwipfel gestreift, eine Schneise in den Wald geschlagen, war aber nicht explodiert. Teile der Maschine lagen verstreut umher, Passagiere waren herausgeschleudert worden oder hingen, noch angeschnallt, in ihren Sitzen im Wrack oder außerhalb davon, viele leblos, einige noch sich regend. Anfangs herrschte eine beklemmende Stille, die dann von Schreien erfüllt wurde. Es schrien die Verletzten vor Angst und Schmerz, es schrien und riefen die hinzueilenden Helfer, die, bedingt durch die Nähe der bewohnten Häuser, sehr schnell zur Stelle waren.
Der Unglücksort wurde umgehend weiträumig abgesperrt, die Verletzten erstversorgt und abtransportiert, die Toten zusammengetragen und abgedeckt, die verstreut liegenden Gepäckstücke und persönlichen Sachen der Fluggäste eingesammelt, die durch ausgelaufenes Kerosin verursachten Brandherde bei Maschine und Wald gelöscht, die Untersuchungen begonnen. In der Dunkelheit erhellten Scheinwerfer der Nationalen Volksarmee die schauerliche Szenerie von Flugzeugwrack und Bergungstrupps, von stillen Opfern und Gewimmel der Helfer, von zerstörter Natur und zerschmettertem Wald.
Die Untersuchungen zur Unglücksursache unterlagen der damals üblichen Verschwiegenheit bei Vorkommnissen, die in einem sozialistischen Land, und gar von „Freunden“ begangen, eigentlich nicht vorkommen durften. Behörden, Presse, Funk, Fernsehen teilten demzufolge nur das Notwendigste mit. Entsprechend stark

kochte die Gerüchteküche: „Die sowjetischen Piloten waren sicherlich betrunken gewesen und hatten deshalb die Kontrolle über die Maschine verloren und die Landebahn verfehlt! Die Maschine hat bestimmt veraltete Instrumente gehabt, die vielleicht noch ausgefallen waren! Der Treibstoff wird nicht gereicht haben! Der Klassenfeind hat von West-Berlin aus durch falsche Funksignale das Flugzeug irregelenkt! Republikflüchtige wollten die Maschine in ihren Besitz bringen, wodurch es zu einem Kampf im Cockpit und dem Absturz gekommen war!"

Nichts von dem stimmte. Als nach Mauerfall und Wiedervereinigung die geheim gehaltenen Dokumente zu diesem Flugzeugabsturz eingesehen werden konnten, da stellte es sich heraus, dass der Tower des Flughafens Schönefeld dem sowjetischen Flugkapitän der TU 134 zuerst die Landeerlaubnis für eine nicht geeignete Landebahn gegeben hatte. In letzter Minute kam die Kurskorrektur. Da war die Maschine aber bereits so weit gesunken, dass beim Versuch, durchzustarten, der Auftrieb abriss und die Katastrophe unabwendbar war.

Seit dem 11. Dezember 2009 ehrt am Ort des Geschehens eine Gedenktafel, initiiert von der Bezirksverordnetenversammlung, die Opfer dieses Flugzeugabsturzes.

Die Inschrift der Tafel lautet:

Am 12. Dezember 1986 stürzte in unmittelbarer Nähe zu Bohnsdorf ein Flugzeug der sowjetischen Fluggesellschaft „Aeroflot" beim Landeanflug auf den Flughafen Berlin-Schönefeld ab. Bei diesem Unglück kamen 72 Menschen, darunter 20 Schulkinder, ums Leben.

Bis zum Eintreffen der Rettungskräfte bemühten sich Bohnsdorfer Bürgerinnen und Bürger um eine Betreuung der Überlebenden.

Fährmann, hol über!

SEIT DEN 70ER-JAHREN wurde in Köpenick, im Ortsteil Rahnsdorf, die kurioseste Ruder-Fährlinie von einem fast echten Seebären namens Paul Rahn betrieben, der immer, wenn man ihn auf Zusammenhänge hinwies, lauthals beteuerte, dass er nicht der Namensgeber des Ortes wäre, obwohl sein Herz an Rahnsdorf hinge. Kurios ist die Fährlinie deshalb, weil sie zwar seit 1908 in jedem Stadtplan und auf den Wasserwegekarten als F 24 vermerkt war und ist, doch nicht mehr als 36 Längen-Meter Wasserlinie von Ufer zu Ufer umfasst.
Paul Rahn (1934–2002) war über 25 Jahre Eigentümer und Anbieter der einzigen muskelbetriebenen Ruderfähre Berlins. Wer von der Kruggasse in Rahnsdorf über die Müggelspree zu den Spreewiesen und weiter Richtung Müggelheim oder umgekehrt wollte oder musste, der wäre ohne ihn gezwungen gewesen, lange und zeitraubende Umwege in Kauf zu nehmen. Nur sollte er seinen Weg zu Fuß oder auch mal mit dem Fahrrad machen. Paul Rahns Kahn war für anderes nicht geeignet. 1,90 Meter war er breit und 5,39 Meter lang. Diese Zahlen hatte Paul Rahn nachgemessen und immer im Kopf. So wie andere Angaben auch: „Fährbetrieb: Ende April bis Anfang Oktober – Arbeitsbeginn: 11.05 Uhr – Arbeitsende: 19.00 Uhr – Montags Ruhetag – Zehn Ruderschläge – und die Distanz ist überwunden; eine Minute – und das andere Ufer ist erreicht; ‚Zwanzich Pfennje‘ (nach 1990 ‚Zwee Mark fuffzich‘) – und der Kunde hat seine Fahrtberechtigung erworben – Bezahlung nicht nötig (ab der 90er-Jahre), wenn Umweltkarten gezeigt.“
Streng achtete Paule, wie er liebevoll von vielen, die ihn näher kannten, genannt wurde – und in der Region kannten den knorrigen und manchmal kauzigen Mann, der jährlich bis zu 36 000 Leute übersetzte, fast alle – streng

Fährmann Paul Rahn.

achtete also Paule darauf, dass pro Überfahrt mit Paule I, später Paule II, dann Paule III maximal nur rund ein Dutzend Passagiere an Bord kamen, dass sie sich „bitteschön, so rechts und links in dem Fährschiff verteilen, dass eine bedrohliche Schieflage oder gar ein Kentern ausgeschlossen ist, dass jeder und jede bis zum Anlegen und Fahrtende sitzen bleibt und dass Störungen der Arbeit des Fährmannes unerwünscht sind!“

Die Zahl der Mitzunehmenden hing auch von deren Gewicht ab. Gekonnt schätzte Paule Rahn bei stärkeren Umfängen und dickeren Personen deren Gewicht, das er in das Verhältnis zum Tiefgang seines Bootes setzte. Oft sagte er „Boot“, manchmal auch „Kahn“, gelegentlich „Fährschiff“, schließlich hatte er 1965 seinen Fährmeisterschein erworben und bediente seine Kunden erst privat, später als offizielle Fährlinie 24 der Weißen Flotte, gefolgt von den Berliner-Verkehrs-Betrieben (BVB)-Ost und der Berliner Verkehrsgesellschaft (BVG)-West sowie der Stern- und Kreisschifffahrt Gesamtberlins. Viele Arbeitgeber hatte er kommen und gehen sehen. Seinen Kunden war er immer gleich treu geblieben.
Wenn es wer eilig hatte, den setzte er mit schnellen Ruderschlägen über. Sonst sah man ihn routiniert und langsam paddeln. Gern plauderte er mit seinen Fahrgästen, die, wie er meinte, „die Überfahrt genießen sollten“.
Paul Rahn war im Laufe der Jahre zu einem Original geworden, einem volkstümlichen zugleich, wie es nur Verantwortungsbewusstsein, Mutterwitz und Menschenfreundlichkeit hervorbringen. Zwar hatte er einen Fahrplan. Nach diesem musste die Fährlinie F 24 dienstags bis sonntags alle halbe Stunde zwischen Rahnsdorf/Kirche und Müggelheim/Spreewiesen die Fährverbindung aufrechterhalten. Paul Rahn, der waschechte Berliner und Köpenicker, ging bald anders vor. „Ick kieke nich uff’n Plan. Wer da uff die andre Seite will, der soll blos winken oda rufen: Fährmann, hol über! Da bin ick zur Stelle, wenn ick nich jrade uff’m Örtchen hocke!“ Stolz war er, dass er niemanden stehen oder lange warten ließ.
Stolz war er auch auf seine sieben Kinder, um die er sich nach dem frühen Tod seiner Frau von 1975 an „irjendwie janz alleene kümmern musste“. Noch mal merkte man ihm den stolzen Vater an, als er sagte: „Dreie von den Jören hab ick janz alleene jroßjezogen!“

Geheiratet hat er nicht wieder, obwohl manche Frauenherzen für ihn schlugen. Gelegentlich, so sagte man, habe er auch hin und wieder etwas zu „tief ins Glas geguckt", besonders nach dem Tod seiner Frau. Aber nie „vor oder im Dienst". Kein Unfall oder Fehlvergehen war ihm nachzuweisen. Warum sollte er sich nach getaner Arbeit nicht mal ein Gläschen gönnen, entspannt und zufrieden im Abendsonnenschein vor seinem Haus in den Spreewiesen sitzend, einer idyllischen, naturbelassenen Gegend, sein Bootshaus im Blick? „Det is für mich die schönste Ecke von Köpenick, ja von janz Berlin", sagte er einmal mit rauer Kehle, tief die frische Müggelheimer Luft einatmend.

Auf jeden Montag freute er sich auch. Da war sein freier Tag. Den genoss er beim Angeln. Dann träumte er auch von noch mehr Zeit für diesen Sport und Zeit auch zum Verreisen in ferne Länder, am besten mit einem Schiff.

Stur war er bei Sturm und Gewitter. Da blieb der Kahn an Land. Auch Regenschirme mochte er nicht. Dann sagte er, wenn jemand mit aufgespanntem Schirm kam, immer freundlich, aber bestimmt „Ein Fährmann, auch wenn er stehend rudert, braucht freie Sicht!" Das war auch manchmal wirklich notwendig, besonders, wenn „Freizeit-Kapitäne" sich mit ihren Wasserfahrzeugen unvorschriftsmäßig seiner Überfahrt näherten. „Da jab es Verrückte, die meine Vorfahrt einfach ignorierten. Da musste ick schnell reagieren!" Das erzwungene Ausweichen gelang ihm immer.

Mit 65 Jahren ging Paul Rahn in Rente. Nach schwerer Krankheit starb er 2002. Er wurde 67 Jahre alt. Ihm freundlich gesinnte Köpenicker wollten zu seinem 5. Todestag die Straße 34, an der er wohnte, nach ihm benennen. Andere waren dagegen. In der Bezirksverordnetenversammlung gab es nach hitzigen Debatten für die Ehrung eines Köpenicker Originals keine Mehrheit.

Weitere Bücher aus dem Wartberg Verlag für Ihre Region

Aufgewachsen in Ost-Berlin
in den 40er und 50er Jahren
von Almut C. Zimdahl
64 S., gebunden,
zahlr. S/w-und Farbfotos
(ISBN 978-3-8313-1851-3)

Aufgewachsen in Ost-Berlin
in den 60er und 70er Jahren
von Constanze Treuber
64 S., gebunden,
zahlr. S/w-und Farbfotos
(ISBN 978-3-8313-1852-0)

Aufgewachsen in West-Berlin
in den 40er und 50er Jahren
von Gudrun Küsel
64 S., gebunden,
zahlr. S/w-und Farbfotos
(ISBN 978-3-8313-1853-7)

Aufgewachsen in West-Berlin
in den 60er und 70er Jahren
von Astrid Hoffmann
64 S., gebunden,
zahlr. S/w-und Farbfotos
(ISBN 978-3-8313-1854-4)

Wartberg Verlag GmbH & Co. KG
Bücher für Deutschlands Städte und Regionen
Im Wiesental 1 · 34281 Gudensberg-Gleichen · Telefon (0 56 03) 9 30 50
Fax (0 56 03) 93 05 28 · www.wartberg-verlag.de